CURA ENERGÉTICA

Sílvio Camargo

CURA ENERGÉTICA

O poder sutil e curador das mãos

Cura Prânica
Cura por Imagens

2ª edição

Editora
Pensamento
SÃO PAULO

Ilustrações: Fabiano Oliveira Pasetto.

Dados Internacionais de Catalogação na Publicação (CIP)
(Câmara Brasileira do Livro, SP, Brasil)

Camargo, Sílvio
Cura energética : o poder sutil e curador das mãos : cura prânica, cura por imagens / Sílvio Camargo. — 2. ed. — São Paulo : Pensamento, 2008.

ISBN 978-85-315-0874-5

1. Cura 2. Cura mental 3. Energia vital - Uso terapêutico 4. Imposição das mãos - Uso terapêutico 5. Medicina alternativa I. Título.

08-06808 CDD-615.852

Índices para catálogo sistemático:

1. Energia vital : Cura prânica e cura por imagens : Terapia psíquica 615.852
2. Imposição das mãos : Cura prânica e cura por imagens : Terapia psíquica 615.852

O primeiro número à esquerda indica a edição, ou reedição, desta obra. A primeira dezena à direita indica o ano em que esta edição, ou reedição, foi publicada.

Edição	Ano
2-3-4-5-6-7-8-9-10	08-09-10-11-12-13-14-15

Direitos reservados
EDITORA PENSAMENTO-CULTRIX LTDA.
Rua Dr. Mário Vicente, 368 — 04270-000 — São Paulo, SP
Fone: 2066-9000 — Fax: 2066-9008
E-mail: pensamento@cultrix.com.br
http://www.pensamento-cultrix.com.br

SUMÁRIO

2ª PARTE

3ª PARTE

PREFÁCIO

Por Juracy Cançado

O que faz das práticas terapêuticas energéticas, naturalmente simples, indecifráveis enigmas é a sua meta. Destinam-se, é certo, ao corpo físico, mas o corpo não é o objetivo último. O que se busca é aquilo que opera no corpo, regenerando sua forma estável e orientando seu comportamento.

Para as bioenergéticas orientais antigas e recém-surgidas ocidentais neo-reichianas, interessa o corpo funcional, a entidade que faz do corpo mecânico uma máquina suave. Com sua contraparte tangível, estrutural, constitui o corpo-mente, "esse rio de átomos e de pensamentos", que brota e deságua no oceano de inteligência que sustenta e anima a vida.

Lidar com tais fenômenos invisíveis é, para o ocidental contemporâneo, uma tarefa constrangedora. Nossa memória mecanicista se confunde ante a surpreendente visão quântica que nos traz a nova física, com suas desmistificadoras descrições da realidade subatômica, onde tudo se dilui em campos de energia invisíveis. Hoje, o pensamento científico não mais consegue negar a existência de um saber que organiza a complexidade dos nossos processos vitais. Uma espécie de inteligência primordial com íntimo conhecimento da auto-organização do corpo-mente e de suas intrincadas interconexões com a rede de eventos que é o mundo.

Tanto para a ciência de vanguarda como para as terapias energéticas, a consciência é uma questão a ser tratada. A tarefa é identificar, ou mais modestamente, aproximar a compreensão dessa coisa que organiza, que sabe e, no entanto, se perde no processo de desconhecimento que conduz à doença. Entender o que leva uma célula, orientada pelo mesmo DNA que arquiteta a vida, a cooperar com o vírus que a irá destruir. A essa área distorcida da percepção aparentemente falta algo: uma faculdade seletiva que tem como ofício eleger interações econômicas e postergar ligações perigosas. A perda de tal habilidade discriminativa deixa brechas na teia de imunidades que preserva a estabilidade do organismo, confundindo a consciência e pervertendo seus critérios de relação com o mundo.

Por esses descaminhos transita a dinâmica da doença. E ainda que perder-se também seja um caminho, é o caminho labiríntico da dor. O aprendizado sofrido, mesmo que necessário no momento do impasse, exige correção.

A virtude maior das práticas energéticas é mapear a topologia desses acontecimentos no corpo físico. As diversas cartografias de sistemas de energia assentados no território corporal, em sua maior parte produzidas no Oriente antigo, aparentemente apontam para o lugar onde padrões de atividade expressam as qualidades psicossomáticas.

Assim, diferentes técnicas, norteadas por distintos mapeamentos, preservam a meta comum: a eliminação do bloqueio energético para o resgate da porção distorcida da consciência que promove a doença.

Nas últimas décadas nossa cultura tem se enriquecido com uma gama de métodos de intervenção energética. Todos eles incluem o toque como elemento essencial para uma intervenção mais imediata no palco de acontecimentos que é o corpo.

Suas origens comuns, contudo, estão fundamentadas em práticas simples, de natureza minimalista que, tudo indica, serviram de modelo para os diferentes trabalhos corporais-energéticos. Nessas, praticamente se exclui a mediação do corpo físico, numa relação direta com sua contraparte invisível que o suporta e administra.

Tais práticas enfatizam a essência do aporte bioenergético: postura e movimentação corretas, a que os yogues chamaram de ásanas, respiração vitalizante ou pranayama, e mentalização, a cura pela utilização de imagens. Associada à determinação de curar, tal atitude facilita o emprego de técnicas depuradoras, conhecidas em todos os tempos como cura psíquica ou cura espiritual.

Cura Energética nos traz uma rica síntese dessas terapias, combinando dois métodos, a Cura Prânica e a Cura por Imagens, para a produção de um terceiro, de fácil execução e surpreendentemente efetivo.

Com clareza e objetividade técnica, o livro enfatiza a idéia de que cada pessoa é um curador em potencial, posto que a função da terapia é facilitar a troca da experiência humana (tornar-se um com o paciente) e sinalizar novos caminhos para aquele que se perde. Na Cura Energética, essas sinalizações são deliberadamente suaves, mas seus efeitos inesperadamente potentes, mesmo para muitos de nós já familiarizados com as possibilidades terapêuticas das bioenergéticas.

A grande contribuição deste trabalho do Sílvio está na ênfase à "terapia não-localizada", a intervenção indireta em receptores corporais para se ir além do corpo, numa relação instantânea que permite a cura à distância. Associando a limpeza dos centros energéticos à terapia imagética, propõe a identificação dos conteúdos psíquicos estacionados em áreas bloqueadas e sua emergência consciente pelo descongestionamento das energias que os conduzem.

É um livro que se lê com proveito. A utilização de suas técnicas pela pessoa comum se afina com a proposta de auto-ajuda conduzida pelo *Do-In* e por outros métodos de aprimoramento pessoal, e enriquece suas possibilidades. Para o terapeuta, é a oportunidade de ir mais além na sua difícil missão de minorar a dor e o sofrimento.

Aos já iniciados nos trabalhos bioenergéticos, a Cura Energética delineia um novo mapa da psique, uma distinta cartografia da consciência para ousadas incursões às mais distantes províncias do ser.

Juracy Cançado introduziu o Do-In no Brasil
e é autor de vários livros sobre esse assunto.

APRESENTAÇÃO

A Cura Energética faz parte de um trabalho que venho desenvolvendo há vários anos. A sua prática liga-se diretamente à prática da meditação, integrando um sistema organizado com a finalidade de ajudar na manutenção/recuperação de uma boa saúde física e mental, e na busca do autoconhecimento, estruturado em torno de elementos do Hatha Yoga, da Cura Prânica e da Cura por Imagens, da meditação e de técnicas de sugestão e relaxamento.

Cura Energética é a Cura Prânica associada à Cura por Imagens (visualizações ou mentalizações). Tem como objetivos transformar e purificar a energia sutil do nosso corpo e mente, e nos ajudar a superar dificuldades físicas e emocionais, transportando-nos para além da dualidade dor/prazer, que nos mantém presos ao mundo dos sentidos, e direcionando-nos para o "Estado de Buda" ou "Iluminação", o estado sem ilusões nem sofrimento.

Este livro foi escrito para servir como complemento e apoio teórico aos estudiosos das práticas de cura, tanto para aqueles que ainda conhecem pouco o assunto, como para os que já o conhecem bem. Busquei oferecer uma visão clara dos pontos fundamentais que efetivamente nos capacitam a curar (a nós mesmos e aos outros), sempre procurando ligar teoria e prática.

Sílvio Camargo

INTRODUÇÃO

A compreensão dos princípios da Cura Energética pode beneficiar pessoas de qualquer profissão, modo de vida, crença religiosa e idade.

Curadores com potencial de cura já desenvolvido encontrarão neste trabalho um sistema organizado e teoricamente fundamentado, capaz de poupá-los de desgastes físicos e emocionais desnecessários. Com base no seu estudo, podem utilizar técnicas simples em casos simples, reservando as técnicas mais complexas para os casos difíceis, na medida da necessidade e adequando o atendimento a cada tipo de paciente.

Para realizar uma cirurgia espiritual, por exemplo, em geral é necessário recorrer a técnicas avançadas. No entanto, dores de cabeça, desconfortos gástricos e outras disfunções orgânicas comuns podem ser tratadas com a aplicação de procedimentos básicos.

Terapeutas cuja técnica baseia-se em manipulações podem utilizar a Cura Prânica e a Cura por Imagens naqueles pacientes em quem o toque físico não é possível e assim, por exemplo, aliviar o sofrimento de queimados e politraumatizados graves. As técnicas de limpeza e descongestão energéticas são especialmente úteis por sua simplicidade, eficiência e facilidade de aplicação.

Invariavelmente, as pessoas procuram formas alternativas de tratamento quando encontram dificuldades para resolver seus problemas de saúde pelas vias normais. Com isso, correm o risco de se tornar presas fáceis de charlatães e pseudoprofissionais inescrupulosos. Por essa razão, é importante que os profissionais da área da saúde — médicos, psicólogos, fisioterapeutas, enfermeiros, dentistas e outros — inteirem-se sobre como funcionam os diversos métodos de cura por energização e assim, sem alimentar preconceitos e com conhecimento de causa, possam acompanhar, avaliar e colaborar com os bons curadores na realização do seu trabalho. Compreendendo os fundamentos dos métodos energéticos, os profissionais de saúde poderão indicar curadores-terapeutas, ou mesmo médiuns de cura, para efetuar atendimentos sob a sua supervisão, como acontece em países da Ásia e da Europa.

Todo um universo de possibilidades se descortina quando conhecemos os princípios da Cura Energética e vemos que é um trabalho que pode ser realizado por qualquer pessoa, de maneira equilibrada, longe de misticismos e superstições.

1ª PARTE

Ah, não estar parado nem a andar

Não estar deitado nem de pé

Nem acordado nem a dormir

Nem aqui nem noutro ponto qualquer,

Resolver a equação desta inquietação prolixa,

Saber onde estar para poder estar em toda a parte,

Saber onde deitar-me para estar passeando por todas as ruas...

Fernando Pessoa, *Ficções do Interlúdio / Poesias de Álvaro de Campos.*[1]

Energia e Cura

Energia é a essência de todas as coisas existentes no universo.
Matéria é energia condensada: $e = mc^2$
e a vida é uma manifestação de energia.
Assim como tudo o mais, também somos uma manifestação cósmica;
nosso corpo é constituído por vários tipos de energia,
não somos algo à parte do universo, somos dele derivados,
da mesma forma que ondas nada mais são do que mar,
como disse um poeta.

À primeira vista parece que existem muitas doenças,
mas existem, na verdade, muitos doentes.
O mesmo vírus que afeta alguns não faz nada a outros.
Quando o corpo está em equilíbrio, tende a haver saúde.
Do ponto de vista do conjunto de energias que somos,
podemos dizer que existe saúde quando nossas energias
estão harmonizadas.
Quando elas se desorganizam, tendemos a ficar doentes.
Organizando-as novamente, construímos uma base
para que o corpo também se reorganize.
A tendência espontânea do organismo é na direção da saúde
e ajudamos bastante simplesmente não atrapalhando,
não criando bloqueios a isso.

Assim como "sabemos" ficar doentes,
podemos também aprender a nos curar,
a manter um estado de saúde que começa na forma de pensar.
Através do pensamento, podemos agir
sobre a matéria do nosso corpo
e modificar sentimentos viciados.
O domínio do pensamento pode ser aprendido.
Ao "pensar" corretamente um estado saudável
este tende a se realizar.
Podemos pensar a dissolução de nódulos, tumores etc.
Pelo pensar, pode ser acelerada a consolidação de um osso fraturado
ou a cicatrização de um tecido ferido,
em mim ou no outro.

A nossa sociedade supervaloriza a lógica cartesiana
em detrimento da sensibilidade.
Como conseqüência, tornamo-nos seres distantes de nós mesmos.
No entanto, o cultivo da sensibilidade
e o conhecimento dos processos energéticos
que envolvem o funcionamento do nosso corpo
podem facilmente ser incorporados ao cotidiano urbano,
enriquecendo-o e tornando-nos mais aptos e capacitados
a viver mais próximos da plenitude.
Desenvolvendo uma fração a mais de sensibilidade
é possível harmonizar o existir.
Na prática isso não é tão difícil de fazer
e está ao alcance de todos, como não poderia deixar de ser.

A toda disfunção orgânica ou doença corresponde um padrão energético
e também um padrão psicológico.
Muitas vezes, bloqueios energéticos possuem qualidades emocionais,
de medo, raiva, ansiedade, tristeza etc.
Uma raiva contida, na forma de maxilares duros,

pescoço duro ou mãos crispadas,
na verdade pode ser amor ou sensualidade aprisionados.
O medo, na forma de rins alterados ou ombros levantados,
pode ser a expressão sufocada de liberdade ou alegria,
e assim por diante.
A energia aprisionada tem a qualidade
do sentimento da qual é expressão.
A organização dos fluxos de energia traz para a consciência
muitos conteúdos inconscientes ou subconscientes.
Com a liberação do fluxo energético, a consciência se amplia.
No momento em que começamos
a "ver" o movimento dos nossos pensamentos e emoções,
já começa a acontecer a superação de padrões psicoenergéticos e a cura.

A nossa civilização cultiva mitos
e, em geral, somos educados para perseguir modelos.
Às vezes somos educados apenas a repetir os nossos pais,
a nossa família.
Quando a visão da vida é muito individualista e estereotipada,
empobrecemos interiormente.
Diminui o espaço para a solidariedade humana.
Mesmo quando movidos por grandes ambições,
tornamo-nos seres pequenos.
E o milagre do acontecimento cósmico que é existir fica esquecido.
Quase sempre somos educados para "progredir" e não para "ser".
Não são questionados aqui progressos da humanidade
sem os quais voltaríamos à Idade da Pedra.
Mas se não formos nós mesmos, antes de mais nada,
outra coisa também não poderemos ser.
Na perseguição compulsiva do que deveríamos ser,
tornamo-nos uma caricatura de nós mesmos,
vivemos como seres não-espontâneos.

A perseguição do modelo imposto exteriormente
gera desequilíbrios e tensões,
representando, para muitas pessoas,
apenas uma maneira de estar no mundo,
de se defender e atuar sobre o meio ambiente.
Por aí percebe-se que as energias bloqueadas no nosso corpo,
e os seus correspondentes psicológicos,
existem quando, de alguma maneira, assim o queremos.
Tornam-se a maneira pela qual acostumamos a nos manifestar
e como tentamos alcançar os nossos objetivos.
Embora prisioneiros dele, é o padrão no qual nos imaginamos seguros.

O filtro composto pelos sentimentos e emoções
existente em cada um de nós
adiciona uma qualidade à percepção dos estímulos captados,
adaptando-os àquilo que nos interessa ver.
Muitas emoções e sentimentos negativos
que irão causar bloqueios e desarmonia interior
têm origem em algum medo, de alguém ou de alguma coisa.
Medo da liberdade, do desconhecido que ela representa,
e apego aos nossos vínculos, bons ou maus,
mas que conhecemos e aos quais estamos acostumados,
esquecendo-nos de que a cada vez que morremos para uma coisa,
nascemos para uma outra.

Na sua origem, o medo está ligado ao nosso aspecto animal,
à sobrevivência e à morte física.
Esse medo físico, natural e necessário até certo ponto,
passa a ser nocivo ao dominar o comportamento,
quando se traduz em emoções ou desejos egoístas tais como
desamparo, tristeza, raiva, ansiedade, orgulho, cobiça etc.
No entanto, mesmo que seja na tentativa de eliminá-los,
é preciso estarmos atentos para não condicionar nossa atenção

a emoções e sentimentos negativos,
porque dessa forma, na verdade, estaremos alimentando-os
e mantendo fechado o ciclo vicioso da segmentação do ser.
Quando nos centramos em nós mesmos,
o que não é nosso aparece como algo diferente,
como algo grudado em nós, e acaba caindo
ou se dissolvendo, por falta de substrato onde se apoiar.

Quando alguém identifica em si determinadas vibrações
e aspectos como sendo próprios do seu ser,
teme que, dissolvendo-os, acabe por dissolver a si mesmo,
mas, no momento em que se percebe determinando
o seu próprio estado emocional ou físico,
adquire o poder de escolher se quer mudar ou não.
Quando os fluxos de energia são equilibrados,
fica mais fácil romper os padrões estabelecidos.
Emerge daí um ser mais inteiro, e mais consciente de si mesmo
e de tudo que o cerca.

O objetivo da Cura Energética é equilibrar a energia vital,
nos harmonizar, pacificar e centrar.
Quando nos mantemos centrados em nós mesmos,
num estado de paz e serenidade,
torna-se mais fácil romper o ciclo vicioso dos desequilíbrios e doenças.

Cura Energética, a Cura de uma Nova Era

Uma entrevista com Sílvio Camargo

• *O que é a Cura Energética?* É uma técnica, ou melhor, um conjunto de técnicas, uma forma de tratamento que visa restabelecer a saúde física e/ou emocional através da circulação e renovação da energia vital no corpo do paciente. Trabalha-se com as mãos, sem toque (Cura Prânica) e com os poderes da mente (Cura por Imagens), acessíveis a qualquer pessoa.

• *Como surgiu?* Curadores espontâneos surgem sempre em todos os tempos e em todas as partes do mundo. A Cura Energética é um procedimento que procura utilizar o que há de melhor dentre as várias técnicas de cura e tenta eliminar seus defeitos. Procedimentos de autoproteção, por exemplo, muitas vezes são negligenciados por praticantes de cura espontâneos que, muitas vezes, se contaminam em parte, energeticamente, ao tratar de um paciente, e passam a sentir dores nas mãos, no peito, sintomas de desconforto e às vezes até mesmo sintomas do paciente.

• *Quais são os seus objetivos com o trabalho de cura?* Os meus objetivos com esse trabalho resumem-se em tratar pessoas de uma maneira técnica e clara, ajudando assim a desmistificar curadores que se utilizam da ingenuidade ou boa-fé do outro. Mostrar também que com relativamente pouca teoria podem-se conseguir resultados muito bons com os pacientes, pois se a teoria é importante para organizar, estruturar e aprimorar qualquer trabalho, o seu excesso atrapalha, principalmente no início, nos desviando do essencial, que é curar. É freqüente vermos a incompetência para resolver um problema mascarado por uma barreira de erudição.

• *Por que você resolveu se dedicar ao trabalho de cura?* Há alguns anos passei a me dedicar ao estudo das técnicas da Cura Energética, impressionado com seu surpreendente grau de eficiência, a simplicidade de aplicação e por me identificar com essa forma de abordagem terapêutica. No entanto, as técnicas de cura sem toque, que utilizam basicamente o desejo de curar pela força do pensamento, não podem resolver tudo, e outras formas de tratamento, alopáticas, homeopáticas ou alternativas, podem ser válidas, desde que se aja conforme uma ética rigorosa e com bom senso. Há pessoas que têm muita facilidade atuando como cirurgiões e assim são úteis aos outros. Outros sentem-se mais à vontade trabalhando com cristais ou acupuntura, e assim por diante.

• *Quais problemas de saúde podem ser resolvidos pela Cura Energética?* Não existe panacéia para todos os males. Há casos em que essa cura atua de maneira espetacular e assim se consegue a reversão de problemas aparentemente insolúveis por outros métodos. Em outras ocasiões, os resultados poderão ser mais discretos, porém, em princípio, todos os problemas de saúde, tanto físicos como emocionais, podem ser tratados com a Cura Energética. Processos inflamatórios e infecciosos de diferentes naturezas, disfunções orgânicas, problemas da coluna, câncer, úlceras, glaucoma, uma infinidade de problemas de natureza física ou emocional pode ser resolvida ou aliviada com o seu auxílio, especialmente se associada a outros procedimentos terapêuticos.

• *Qualquer pessoa pode praticar a Cura Energética ou existem pré-requisitos? Neste caso, quais seriam eles? Sensibilidade? Mediunidade? Equilíbrio emocional? Iniciação espiritual?* Qualquer pessoa normal, de sensibilidade média, pode praticar a Cura. Não existem pré-requisitos especiais. Naturalmente, o trabalho de um profissional sempre será mais abrangente do que o feito por um amador, mas estima-se que em cerca de 70% das doenças e disfunções pode haver algum grau de alívio com a aplicação da Cura.

• *Como se dá a cura quando esse método é praticado, isto é, o que acontece com o paciente em nível físico, emocional e espiritual?* Enquanto houver energia vital e capacidade de reação, haverá possibilidade de cura. Na verdade, sempre é o próprio paciente que se cura. Com a liberação de bloqueios energéticos, é promovida uma regeneração física (inclusive em traumatismos e cortes) e também emocional. Há casos em que bursites e lesões de menisco, por exemplo, são resolvidos em apenas uma sessão. Por vezes, conseguimos remover fobias e corrigir comportamentos depressivos também muito rapidamente pela Cura Energética.

• *Qualquer pessoa pode ser curada, ou o sucesso do tratamento depende de o paciente acreditar em alguma coisa?* Medicina não é um amontoado de crenças, é conhecimento. Não é necessário que o paciente acredite em nada. Se assim fosse, não conseguiríamos curar plantas, animais e crianças de colo, alheias ao que está se passando. Porém, qualquer que seja a técnica utilizada, alopática, homeopática, ortodoxa ou alternativa, além da adequação da técnica ao caso, é conveniente a colaboração por parte do paciente ou, pelo menos, sua neutralidade. Uma atitude receptiva ao terapeuta sempre facilitará o processo de cura. Embora não seja necessário que o paciente "acredite" em nada, é melhor que não desacredite de antemão. A postura "não vi, não gostei" do cético é um problema a ser tratado, porque o ceticismo é uma forma de preconceito. "Ver para crer", sem ser cético ou crente, acredito que seja a melhor postura perante o tratamento.

• *Como é feito o treinamento das pessoas que vão aplicar o método da Cura Energética?* Em cursos e *workshops* dados regularmente por todo o país. Têm sido ensinadas desde pessoas muito simples, como operários, passando por médiuns e clarividentes querendo trabalhar de uma maneira mais técnica, até médicos que desejam incorporar esse tipo de conhecimento à sua prática clínica ou cirúrgica, e empresários querendo utilizar os conceitos de saúde e equilíbrio ensinados, tanto para si como para seus familiares e para os funcionários de sua empresa.

• *Quais são as diferenças entre a Cura Energética, o Reiki e o passe espiritual?* São formatos de cura que guardam muitas semelhanças entre si. A principal diferença da Cura Energética é a grande atenção à limpeza e descongestão energética, e o uso de imagens.

• *Qual é a relação entre a Cura Energética e a medicina alopática tradicional?* A medicina tradicional é principalmente químico-medicamentosa e cirúrgica, ou seja, trabalha o corpo material de maneira material. Na Cura Energética, trabalha-se o corpo energético de maneira energética, mas os dois procedimentos, assim como outros, não precisam estar em oposição; muito pelo contrário, eles devem completar-se.

Conceitos

Todos somos curadores

Existe uma maneira bem simples de testar o fenômeno espontâneo das trocas energéticas entre as pessoas. Peça a um amigo para sentar-se em uma cadeira à sua frente. Em seguida, coloque as suas mãos sobre a cabeça desse amigo por alguns minutos, sem tocá-la. Talvez ele não sinta nada, mas talvez descreva sensações de peso, calor, arrepio, formigamento, pressão na cabeça ou no corpo inteiro etc.

Essas sensações correspondem a maneiras particulares de reagir, próprias de cada pessoa, ao terem a sua energia vital mobilizada. Experimente um pouco mais, e peça, mentalmente, ao seu "eu superior" para retirar qualquer desconforto que essa pessoa esteja eventualmente sentindo. Você poderá ter algumas surpresas.

Não é preciso fazer nenhum esforço especial ou diferente para curar, apenas sintonizar com essa possibilidade. Curar é uma tradição relativamente esquecida na nossa cultura, mas, diante de evidências cada vez mais claras acerca dos limites apresentados pelos métodos terapêuticos ortodoxos, de várias maneiras vem sendo resgatada atualmente.

Neste livro, vamos falar sobre poderes que todos possuímos e fenômenos que percebemos, aos quais muitas vezes não damos a devida atenção ou não interpretamos corretamente, por estarmos habituados a ver o mundo de uma maneira concreta demais.

Sensações de peso ou, ao contrário, de leveza ao chegarmos em uma festa ou reunião, desconforto ou bem-estar inexplicáveis ao nos aproximar de certas pessoas, alterações de humor e pensamentos estranhos à nossa maneira de ser freqüentemente representam trocas energéticas que são sentidas, mas não são explicadas nem decodificadas.

Todos os povos, em todos os tempos, praticaram a Cura Energética, diferenciando-se apenas quanto ao formato e à base filosófica ou religiosa. No Brasil, esse tipo de trabalho é feito freqüentemente nos centros kardecistas, centros de umbanda, por certas seitas religiosas, por "benzedeiras" e pelos índios.

Há milhares de anos, os povos orientais conhecem e praticam a "cura" e os seus conceitos impregnam a sua filosofia de vida. Todas as formas de tratamento, filosofias e artes marciais orientais utilizam conceitos de circulação da energia vital. A Cura Energética é feita de maneira técnica, mas é um tipo de cura sempre presente de alguma forma nas diversas religiões de diferentes povos e culturas como um denominador comum a todas elas, podendo ser conduzida em maior ou menor grau por qualquer pessoa.

Energizar é bem fácil

O primeiro ponto a considerar no trabalho de Cura Energética é que, como estamos vivos, trocamos energia com o meio ambiente o tempo todo, emitindo e recebendo, já que, além do metabolismo fisiológico conhecido de todos, também temos um metabolismo energético.

No corpo humano existem centenas de pontos de entrada e saída de energia. Há os chakras principais, de sete a catorze, ou um pouco mais dependendo do sistema utilizado, e chakras secundários, nas mãos, pés, joelhos, quadris etc. Por todo o corpo espalham-se pontos de entrada e saída de energia, interligados pelos chamados meridianos, que são utilizados nas técnicas de cura (ver Fig. 2, p. 43).

A troca de energia é espontânea e acontece, portanto, ininterruptamente tanto no nível do pensamento (por isso é possível trabalhar com imagens), como por todo o corpo. Dessa forma, estamos sempre influenciando o meio ambiente à nossa volta e sendo influenciados por ele, pelo menos até certo ponto, a partir da energia vital e do que pensamos.

Para curar, não é condição essencial saber sobre chakras ou corpos energéticos sutis. Curadores que fazem a chamada "imposição de mãos", em geral intuitivamente, sabem que é suficiente colocar as mãos sobre uma pessoa sofrendo de algum mal e simplesmente desejar que esse mal enfraqueça, para curar.

No caso, por exemplo, de distúrbios como dor de cabeça, disfunção menstrual ou irregularidade gastrintestinal de menor gravidade, muitas vezes o paciente sente uma melhora nítida e imediata.

Na imposição de mãos, utiliza-se o fenômeno espontâneo das trocas energéticas que sempre ocorrem entre as pessoas, e a capacidade do cérebro de transmitir imagens pela mentalização.

O leitor não precisa por isso ficar alarmado com as possíveis contaminações às quais estamos diariamente expostos, porque o nosso organismo possui mecanismos naturais de proteção, caso contrário a vida não seria possível, pelo menos não na forma que conhecemos. Quando um curador coloca as suas mãos sobre nós, desejando e mentalizando que fiquemos bons e, ao mesmo tempo, nos colocamos em uma posição receptiva, a troca energética natural pode se intensificar até centenas de vezes.

Podemos fazer a imposição de mãos colocando-as sobre a região a ser tratada, dirigindo-as ao paciente como um todo, com toque ou sem toque, e também à distância, conforme veremos mais adiante.

Curadores espontâneos e técnicas de proteção

A energia vital circula livre no ambiente e pode ser visualizada por pessoas clarividentes ou sensíveis, na forma de pequenos pontos coloridos movimentando-se pelo ar. A energia vital é conhecida de todos os povos, em todos os tempos e lugares do mundo.

Sempre houve e sempre haverá pessoas capazes de utilizar espontaneamente e com facilidade a energia vital para curar. Em todos os lugares existem curadores, curandeiros, feiticeiros, xamãs etc. Entre nós não há quem não conheça no seu bairro ou cidade uma "benzedeira". As benzedeiras muitas vezes ajudam bastante, mas freqüentemente, com o tempo, desenvolvem artrite nos dedos das mãos, por contaminação com as energias negativas dos seus pacientes.

Muitas vezes também se contaminam de outras formas e é comum, quando se dedicam muito, sofrerem um processo de desgaste e envelhecimento precoce. Isso acontece porque elas em geral trabalham de forma empírica, sem estudo e sem o conhecimento de técnicas de proteção apropriadas.

A cura é um dom de todo ser humano porque, além da energia vital, ela depende basicamente da capacidade de pensar. Todos possuímos esse dom, mas para que não se volte contra nós é necessário que seja exercido de maneira organizada, com conhecimento e fora do domínio de crendices e superstições.

Há grupos, governos e religiões organizadas que usam seu conhecimento da cura para dominar ou explorar o próximo. Sempre que esse conhecimento fica sob o controle de uma elite dominante, invariavelmente a civilização e a cultura como um todo acabam entrando em decadência ou estagnação, porque a má-fé e a ignorância abrem as portas para todo tipo de manobras nocivas.

Se o conhecimento pertence a todo um povo, este sabe defender os seus direitos e proteger-se daqueles que tentam manipular a boa-fé das pessoas. Uma das propostas deste trabalho é desmistificar a cura e mostrar que curar depende de um conhecimento acessível a qualquer pessoa. Saber como funcionam os processos de cura, pelo menos em seus aspectos essenciais, é a melhor forma de nos proteger de charlatães.

Penso, logo curo

Curar é um atributo normal e espontâneo de todo ser humano, que basicamente depende não de ele ser uma espécie de santo, mas do simples exercício de um desejo expresso através do pensamento dirigido, para funcionar. Não é um dom que apenas alguns privilegiados possuem.

Não havendo resistência por parte do paciente, ou havendo pelo menos uma atitude de neutralidade, a imposição das mãos, mentalizando-o saudável (essa mentalização não precisa ser nítida), acompanhada do desejo de curar (desejo que pode ser canalizado ou expresso, por exemplo, com o auxílio de uma oração), induzirá a uma circulação energética melhor.

Esta, por sua vez, influirá diretamente nos desequilíbrios emocionais e orgânicos relacionados com a doença física, e no nível geral da energia vital do corpo inteiro, mesmo quando não sabemos qual é exatamente o problema, mesmo se o paciente também não souber, e mesmo que não saibamos nada a respeito de circulação de energia, chakras, corpos sutis etc.

O desejo é fator fundamental e o grande motor no processo da cura, tanto na autocura quanto na cura do outro – nunca será excessivo enfatizar isso –, e o conhecimento deve sempre ficar a serviço dessa intenção. É por isso que inclusive técnicas orientadas por teorias opostas podem funcionar igualmente bem.

Por outro lado, simplesmente formular um desejo de cura sem um substrato teórico, sem uma estrutura de apoio que organize o trabalho dentro de uma seqüência lógica e de complexidade gradual, torna a prática da cura mais difícil, especialmente para quem está começando.

Capacidade de recuperação

Todo trabalho de cura, em última análise, organiza a energia vital do paciente. Quando, pela limpeza, retiramos matéria bioplasmática contaminada ou estagnada do organismo de uma pessoa e depois a energizamos, essa pessoa deverá ser capaz de absorver e manter essa absorção energética, caso contrário a cura não acontecerá.

Quando um organismo já está muito debilitado ou cansado, essa capacidade fica muito diminuída e a cura pode não ser possível. Mesmo em pessoas jovens isso pode acontecer. O fenômeno da fadiga é conhecido dos profissionais que lidam com medicina esportiva.

Devido ao excesso de treinamentos e por exigirem demasiado do seu organismo, atletas às vezes ainda bem jovens entram em um processo de esgotamento e ficam bastante vulneráveis; quando se machucam, têm uma recuperação lenta, ou às vezes nem se recuperam.

O valor cultural internalizado em nossa sociedade de que é preciso tentar ser sempre o melhor, a importância dada a bater recordes, o aspecto financeiro envolvido nos campeonatos esportivos e o treinamento físico muito militarizado fazem com que as pessoas freqüentemente forcem os seus limites, com prejuízo para a saúde.

É muito comum vermos atletas que jogam machucados e são mantidos em atividade à custa de analgésicos e antiinflamatórios por interesse da entidade à qual pertencem, ou para não perder a posição de titular em um time, carregando durante semanas, meses ou anos traumatismos mal curados. Isso pode provocar um esgotamento profundo e o atleta acaba comprometendo sua saúde de maneira irreversível.

Sugestão e cura

O paciente não precisa "acreditar" na cura para que esta funcione; precisa apenas manter-se neutro. Não acreditar antecipadamente, seguindo o estilo "não vi, mas não gostei" é péssimo, mas acreditar de antemão também não é a melhor atitude, porque significa, da mesma forma, alimentar uma idéia preconcebida. A meu ver, a melhor atitude que o paciente pode adotar é manter a mente aberta e receptiva ao contato com o novo.

Pelo fato de crianças, plantas e animais poderem ser curados energeticamente, podemos afirmar que não se trata de um trabalho que funciona por sugestão. No entanto, se um terapeuta tem habilidade para sugestionar os seus pacientes de maneira a favorecer o tratamento, não há por que não utilizar esse recurso.

Quando os princípios da sugestão são corretamente utilizados no trabalho terapêutico, podem trazer resultados muito bons. Há institutos e clínicas espalhados por todo o mundo especializados em tratamentos por sugestão. Pessoas com moléstias graves e incuráveis têm tido a sua sobrevida significativamente aumentada em decorrência de trabalhos competentes de sugestão mental.

Estar pronto

Eventualmente, pode ser mais fácil curar um tumor maligno do que um simples resfriado. Já vi casos de pessoas portadoras de câncer, doença que costuma carregar um componente emocional forte, melhorarem ao se ver frente a frente com a morte. Por vezes, esse confronto desencadeia novas escolhas de vida e são abandonadas as atitudes mentais que mantinham a doença.

Por não ter mais esperanças, há casos em que o doente decide aproveitar os "últimos momentos" de bem com a vida, descartando os seus ressentimentos e com isso obtém uma melhora inesperada. Por outro lado, uma criança resfriada, com amigdalite ou outra doença qualquer que a impeça de comparecer a uma prova de matemática na qual sabe que vai ter um desempenho ruim porque não estudou nada, dificilmente vai melhorar enquanto não passar a hora daquela prova a fim de não expor sua incompetência para enfrentar esse desafio.

Existe uma participação importante do paciente no processo de cura. Sua postura com relação à própria doença freqüentemente é um fator decisivo para que o tratamento alcance sucesso.

Medicina ortodoxa x medicina alternativa

A maioria dos procedimentos terapêuticos, inclusive o alopático quando bem utilizado, pode trazer benefícios ao paciente. Os procedimentos de cura não atuam em oposição aos ortodoxos e não há panacéia que tudo resolva.

Pratico a Cura Energética porque, além do fato de ser uma boa abordagem terapêutica, é um procedimento com o qual tenho afinidade e uso com relativa facilidade. Há pessoas que trabalham bem com homeopatia, acupuntura, cristais e assim por diante. Em princípio não há um procedimento terapêutico melhor do que outro, cada um tem a sua adequação, e freqüentemente se complementam. Obedecendo-se os princípios éticos básicos e mantendo-se o bom senso, todos os procedimentos terapêuticos são válidos quando se trata de recuperar a saúde das pessoas.

Aceleração da recuperação

Quando uma pessoa apresenta um problema orgânico ou emocional, de alguma forma a sua energia está desequilibrada e não circula adequadamente pelo organismo. Retirando essa energia estagnada e promovendo uma renovação energética, revitalizamos o organismo e favorecemos a cura.

Vamos supor o caso de um osso fraturado que normalmente demoraria seis semanas para sarar. Com a Cura Energética, pode se consolidar em duas semanas ou até menos, dependendo da habilidade do terapeuta e da freqüência e duração das sessões. Em casos assim, agindo diretamente sobre o edema localizado (congestão linfática), remove-se a congestão energética, que retarda o processo de recuperação natural, e se renova a circulação energética local e geral, o que auxilia bastante o processo de recuperação do organismo.

Energia vital, fator de cura

Uma pessoa quer subir uma escadaria carregando sobre os ombros um fardo muito pesado, mas não está conseguindo. Vou lá, tiro esse peso. A pessoa então consegue subir. O fardo é a doença que, quando retirada, permite a recuperação da pessoa, desde que ela tenha energia vital suficiente em seu organismo. Esse conceito é importante no trabalho de cura, porque, de fato, ninguém cura ninguém.

Postura mental do curador

Às vezes verifico, em meus cursos, a grande dificuldade de alguns alunos para não contaminar os seus pacientes com conteúdos próprios. Houve um aluno, certa vez, que tentava polemizar o tempo todo, exibindo um grande conhecimento teórico. Ele realmente sabia bastante, mas contaminava negativamente todas as pessoas com quem formava dupla e aos poucos os outros começaram a evitá-lo como parceiro nas práticas. Enquanto não se domina este aspecto do trabalho energético – a atitude do curador —, a teoria é inútil, por mais elaborada que seja.

As pessoas sempre me perguntam se é possível curar os outros estando doente. Sem dúvida que sim, quase nenhum curador tem a saúde perfeita. E ainda, mesmo não estando doentes, podemos passar preocupações e tensões para os nossos pacientes.

O procedimento para evitar que sejam passadas preocupações ou doenças consiste em cultivar o desejo permanente de ser um canal de cura e de não contaminar o cliente com nossos conteúdos particulares. Quando estamos atentos e firmes na postura de "canal" de cura, não há perigo.

Objetividade

Há curadores de personalidade magnética que dão cursos em um clima de magia. Há também livros maravilhosos, fantásticos que, num primeiro momento, nos deixam como que flutuando; mas, passado algum tempo, ao fazermos uma análise mais cuidadosa do que efetivamente contribuíram para melhorar a nossa vida e prática profissional, muitas vezes vemos que não restou muita coisa.

O estudioso precisa estar atento ao fato de que poderes e talentos não significam necessariamente inteligência, bom senso e ética por parte de quem os usa. Embora possam ajudar imensamente, nem o conhecimento teórico acumulado nem a paranormalidade são os fatores mais importantes no trabalho de cura; nada é mais importante do que o desenvolvimento do desejo puro de curar.

Quando se consegue ter um desejo puro e forte, técnicas e teorias na verdade não são muito necessárias. A estrutura teórica fornece uma base para que o desejo de cura possa se desenvolver, mas devemos estar atentos para não confundir os meios com os fins e não perder de vista os pontos essenciais e prioritários que determinam um bom trabalho de cura.

Karma

Talvez o leitor já tenha ouvido falar de pacientes que não podem ser curados por causa do seu "karma". O karma é entendido como a causa ou conseqüência da maneira de ser de uma pessoa. Tudo que pensamos e fazemos gera uma energia que, por sua vez, influencia o que pensamos e fazemos e assim por diante, colocando a nossa vida dentro de um padrão.

Por esse prisma, romper um padrão de existência, um karma, é difícil. Implica "morrer" e nascer para uma outra vida sem morrer fisicamente, reposicionando todos as ligações afetivas, e poucos se dispõem a isso.

Mas quando há disposição, podem acontecer superações espantosas. Michael Talbot em seu *O Universo Holográfico*,[2] descreve o caso de um homem, documentado fotograficamente. Esse indivíduo, que sofria de uma degeneração óssea quase total nos quadris devido a um câncer, depois de uma série de banhos na fonte de Lourdes, na Itália, experimentou uma recuperação completa, com regeneração dos ossos que não existiam mais. Isso mostra que, transpostos os fatores mentais limitadores, as possibilidades físicas podem ser enormemente estendidas.

Segundo várias doutrinas religiosas, existe apenas a morte física. Quando é terminado um ciclo da nossa vida, deve ocorrer a sua superação psicológica. Caso isso não seja possível, devemos voltar em outra vida para tentar essa superação. Dessa forma, para nos desenvolver, devemos viver várias vidas ou reencarnações. Porém, caso tenhamos capacidade de aprender e força para mudar, podemos viver mais de uma vida dentro de uma mesma existência.

O budismo compara a nossa existência com uma vela acesa, que é a mesma vela enquanto queima, mas, ao mesmo tempo, a cada instante é uma vela diferente da que era no momento anterior. Assim, um karma pode ser queimado, sem que obrigatoriamente tenhamos de morrer fisicamente.

Em geral, as doenças ocorrem em sintonia com determinados padrões mentais. Quando o padrão muda, muda a sintonia. Muitas vezes, é dessa forma que são vencidas doenças tidas como incuráveis.

Quando um terapeuta curador não consegue uma boa resposta em determinado caso e diz que é por causa do karma, provavelmente uma das seguintes situações está acontecendo.

Primeira: o paciente realmente não tem capacidade para ultrapassar o seu atual padrão de existência e terá, portanto, de conviver com determinados problemas até o fim da sua vida, ou até mesmo morrer devido a eles.

Segunda: o paciente pode transcender aquele padrão com ajuda, e o terapeuta curador se dispõe a ajudá-lo.

Terceira: o paciente pode transcender aquele padrão de existência com ajuda, mas o terapeuta curador não reúne qualidades pessoais e profissionais suficientes para enfrentar a situação de maneira satisfatória. Pode estar mascarando a sua incompetência diante da tarefa dizendo que "é karma e não pode ser mexido", quando isso pode não ser verdade.

Quarta: o paciente pode ultrapassar aquele padrão de existência com ajuda, mas o terapeuta curador não tem tempo ou simplesmente está sem disposição (isso de fato acontece!), preferindo atender casos de solução mais rápida.

Os Chakras

Os centros de energia e a sua relação com o pensamento

Através do pensamento podemos produzir alterações no funcionamento do nosso corpo. Dessa forma, quando digo a uma pessoa, ainda sem almoçar às 3 horas da tarde, que há uma bela torta esperando para ser saboreada sobre a mesa da cozinha, acontece uma salivação imediata, como todos sabemos. Ou seja, a partir de uma imagem formada no cérebro, provoca-se uma alteração no funcionamento do organismo, fácil de perceber neste caso, a salivação. Há uma clara interferência do pensamento sobre o corpo.

Assim como nesse exemplo, todas as nossas glândulas são influenciadas o tempo todo pelos nossos pensamentos. Desse modo, pela imaginação podemos criar realidades de bem-estar ou de mal-estar no interior do nosso corpo, dada a ação das diversas glândulas e plexos nervosos.

Podemos imaginar e criar situações de excitação sexual, enjôo, medo, tristeza, alegria etc. A partir do pensamento é de fato possível gerar saúde ou doença em nosso organismo.

Como pensamos a maior parte do tempo, estamos sempre criando e recriando a nossa própria condição física e, por conseqüência, nossos relacionamentos afetivos, nossa carreira profissional, a nossa realidade, enfim. Pela compreensão desse processo, simplesmente evitando certos pensamentos, é possível começar a reverter o desenvolvimento de desequilíbrios orgânicos instalados e de distorções de comportamento.

Imaginemos, por exemplo, uma pessoa em desequilíbrio físico e/ou emocional que sabe ser preciso tomar cuidado com os próprios pensamentos, pois eles podem criar realidades, boas e más, no organismo. No entanto, essa pessoa já está há tanto tempo desequilibrada que não consegue mais achar o caminho para se reequilibrar.

Sem saber por onde começar, não consegue perceber de onde vieram, ou o que exatamente faz para fabricar através do seu pensamento seus estados de angústia, medo, raiva ou distúrbios físicos variados de origem emocional, sendo constantemente tomada de assalto por emoções que a dominam e arrastam a situações indesejadas. Apenas percebe que as coisas não vão bem, nem em casa nem no trabalho, e não consegue atinar com os motivos.

Em casos assim é possível, através dos chakras, proporcionar uma base sobre a qual a pessoa pode se reorganizar e redirecionar para um estado de equilíbrio. Essa base pode ser montada a partir da energização e limpeza dos centros de energia do nosso corpo, que são fundamentais para o correto funcionamento do organismo.

Fig. 1. Os vários aspectos do organismo interdependem e influenciam uns aos outros

Como dissemos, os centros energéticos têm correspondência com as glândulas e plexos nervosos. A maioria das posições do Hatha Yoga, por exemplo, é concebida para atuar sobre o sistema endócrino e os plexos nervosos através desses centros, ou chakras, que funcionam como válvulas reguladoras da energia vital que circula em nosso corpo.

Se eles estiverem muito abertos ou muito fechados, vibrando muito ou vibrando pouco uns em relação aos outros ou no seu conjunto, haverá alguma forma de desarmonia manifesta no organismo, ou pelo menos a propensão para que isso ocorra.

A freqüência com que cada chakra vibra corresponde a uma cor do espectro do arco-íris, ou seja, da luz solar. Assim, a energização e limpeza com energia colorida pode ajudar a sustentar e promover o equilíbrio orgânico. Podemos fazer uma auto-harmonização relaxando e mentalizando cada cor no chakra correspondente. Podemos também harmonizar outra pessoa, transferindo mentalmente a energia colorida para os seus chakras, conforme será visto no procedimento de energização geral mais adiante.

Chakras, os centros de energia do organismo

Além de regular o metabolismo energético do nosso organismo, os chakras principais interferem na estrutura psicológica do indivíduo e também em seus aspectos espirituais.

Há diferentes sistemas de chakras, com variações de número, posições e funções. O sistema aqui adotado presta-se bem ao trabalho de cura; no entanto, outros sistemas também podem ser utilizados. Procuramos ressaltar aqui aqueles aspectos dos centros de energia ligados de uma maneira mais direta ao trabalho de cura.

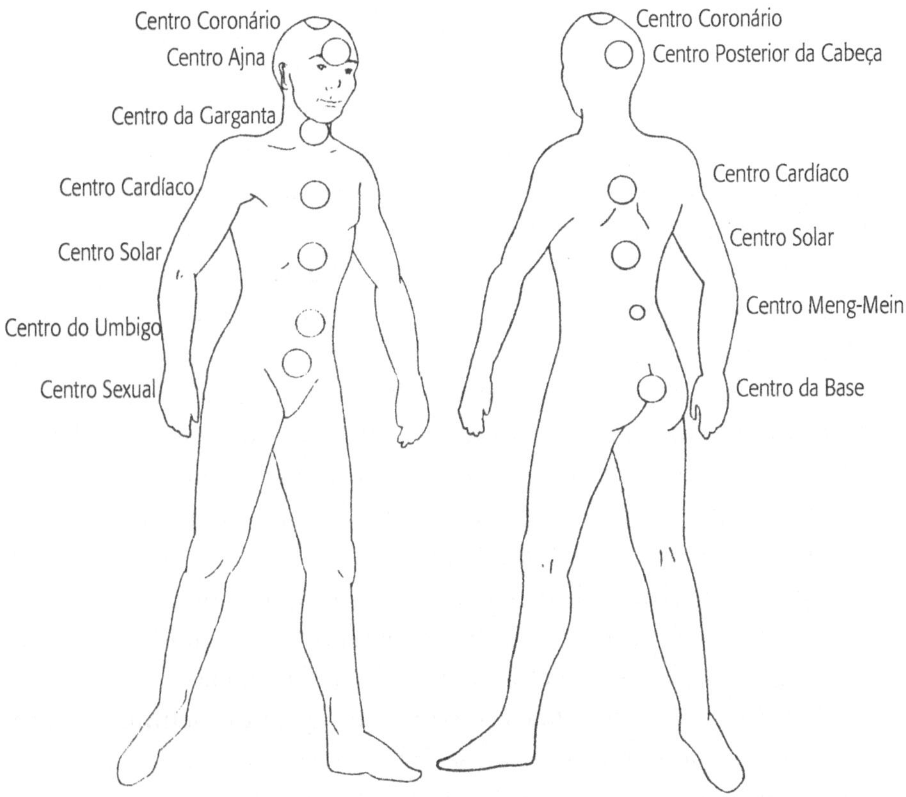

Fig. 2. Chakras, os centros de energia do organismo

Chakra da base	
Cor:	este chakra é harmonizado pela cor vermelha
Elemento:	terra
Sentido:	olfato
Localização:	na base da coluna vertebral, no cóccix
Plexo:	coccígeo
Glândula:	supra-renais ou adrenais
Governa:	todos os tecidos do corpo físico, ossos, dentes, unhas, influencia a eliminação e o sistema imunológico
Características:	consciência física, força, satisfação, autoconfiança, materialidade, casa, trabalho, dinheiro, sobrevivência, conforto, solidez financeira

A energização com a cor que harmoniza cada centro energético ou chakra deve ser sempre esbranquiçada, o que a suaviza, condicionando um melhor resultado. No caso do centro da base, usa-se o vermelho esbranquiçado para harmonizá-lo.

O chakra da base determina a nossa ligação com a Terra. Quando energizamos, devemos sempre ter em mente que o ser humano é um canal de ligação entre o céu e a Terra. É necessário lembrar sempre de estabelecer uma ligação firme com a Terra em nosso cliente, o que ajudará a equilibrar toda a sua estrutura psicofísica. Podemos mentalizar, por exemplo, raízes saindo desse chakra, percorrendo as pernas e os pés, e depois adentrando a Terra, fixando-o ao planeta e à materialidade.

Apesar de ser o centro da materialidade, é um centro de fundamental importância para o desenvolvimento da espiritualidade. Na verdade, qualquer um dos centros com fluxo energético dificultado atrapalhará a nossa ligação com os aspectos cósmicos da existência.

Pessoas idosas, sedentárias e/ou com pouca ou nenhuma atividade sexual devem procurar manter o seu chakra da base sempre limpo e energizado, assim como o centro sexual e o do umbigo. Esses centros dizem respeito mais a aspectos físicos e nessas pessoas há em geral uma tendência à congestão energética.

A Cura Prânica é excelente para isso. Na natureza, o banho de mar em especial, mas também o banho de rio ou cachoeira ajudam a manter os centros energéticos limpos. Andar descalço também é bom para energizar o chakra da base.

O chakra da base rege as glândulas adrenais ou supra-renais, que controlam o fluxo de adrenalina no organismo. Quando nos sentimos ameaçados, ficamos tensos e há uma descarga de adrenalina no sangue, que gera diversas reações no corpo, preparando-o para uma eventual defesa contra agressões externas. O funcionamento correto do centro da base sustenta o espírito de combatividade e sobrevivência, que corresponde ao animal na floresta lutando pelo que é seu e por sua vida, combatendo ou fugindo vigorosamente, conforme a situação.

O excesso de vibração nesse chakra causa uma tendência à agressividade, inclusive física. Os instintos de luta e de sobrevivência ficam exacerbados, gerando uma tendência ao ressentimento. Pessoas assim costumam ser intolerantes e experimentam dificuldades de adaptação social e de convívio.

Podemos estabelecer, como parâmetro geral para orientar a prática, que os chakras sempre influenciam os órgãos próximos e o chakra da base não é exceção. Duas observações, porém, se fazem necessárias com relação a este chakra. Uma, é que as supra-renais controladas por ele estão sobre os rins, relativamente distantes. Também devemos ter em mente que esse chakra controla os tecidos do organismo, influenciando assim o funcionamento do coração, que é essencialmente um músculo; o chakra da base controla os músculos do corpo todo. O funcionamento do coração é controlado pelo chakra cardíaco, mas muito influenciado pelo chakra da base.

A sexualidade está presente em todos os centros de energia. Em pessoas com personalidade equilibrada expressa-se através de todo o ser. Pode acontecer de a sexualidade expressar-se com predomínio do chakra da base. Quando isso acontece, prevalecem os sentimentos animalescos e de auto-satisfação, não havendo o sentimento de compartilhamento.

Chakra sexual	
Cor:	este chakra é harmonizado pela cor laranja
Elemento:	água
Sentido:	paladar
Localização:	entre a região pubiana e o umbigo
Plexo:	sacro
Glândula:	gônadas
Governa:	a reprodução e assimilação da energia primária
Características:	sensações em geral, a sensualidade e a criatividade

Neste chakra vivenciamos nossos próprios fluidos: saliva/paladar, sêmen/reprodução. O chakra sexual determina a nossa maturidade sexual e a sobrevivência da nossa espécie.

Aqui, o excesso de vibração pode gerar generosidade coexistindo com sentimentos egoístas, otimismo, expansividade. Capacidade de iniciativa, porém de maneira irrefletida. O seu equilíbrio levará a uma sensação de fluidez vivenciada como disponibilidade ao outro, maturidade e suavidade.

O chakra sexual é o centro criador físico ou inferior. A energia criadora física é determinante na reprodução do ser em um outro ser. Quando transmutada, essa energia ativa a percepção e se transforma em criatividade. É por isso que as pessoas criativas possuem normalmente também muita energia sexual, por se tratar de aspectos diferentes da energia de um mesmo centro.

A tradição de abstinência sexual presente em muitas religiões por todo o mundo tem por base o princípio da transmutação dessa energia.

Quando deixamos a energia acumular-se naturalmente no chakra sexual e depois, com exercícios físicos e respiratórios combinados, a liberamos para o corpo todo, temos a vitalidade muito aumentada e a saúde revigorada.

Os exercícios que promovem a transmutação da energia sexual são fáceis de fazer e bastam alguns minutos por dia para executá-los. São descritos em livros de yoga e de outras práticas orientais.

Chakra solar (dorsal e frontal)	
Cor:	este chakra é harmonizado pela cor amarela
Elemento:	fogo
Sentido:	visão
Localização:	na altura do plexo solar, logo abaixo do osso esterno
Plexo:	solar
Glândula:	pâncreas
Governa:	sistema digestivo, músculos, pele. Influencia todo o sistema nervoso
Características:	intelecto, autodefinição, poder, controle, expansividade, calor, jovialidade

A nitidez do que é visto e previsto num certo instante deriva do elemento fogo, presente em nosso organismo.

O funcionamento deficiente deste chakra causa uma sensação permanente de falta de energia, em todos os sentidos. O seu funcionamento exagerado pode levar a uma postura de intelectualização, frieza e competitividade excessivas. O seu bom funcionamento leva a uma queima correta dos alimentos ingeridos.

O chakra solar é o centro das emoções inferiores. Tudo que se refere a poder está relacionado a ele. Nossa sociedade atual é centrada nas qualidades desse centro: poder, competição, medo, vaidade, ambição, raiva, orgulho, insegurança, ressentimento, inveja e assim por diante.

As emoções inferiores não são necessariamente negativas nem obrigatoriamente problemáticas. O desequilíbrio das emoções inferiores é que causa problemas. Ambição, orgulho, vaidade, por exemplo, são emoções inferiores, porém positivas. Essas emoções são necessárias, porque estão ligadas à nossa animalidade, à nossa preservação física; sem elas ficaríamos indefesos. Podem, no entanto, ser transcendidas. A pessoa sábia não é escrava das suas emoções.

Chakra cardíaco (dorsal e frontal)

Cor:	harmoniza-se este chakra com a cor verde-esmeralda
Elemento:	ar
Sentido:	tato
Localização:	na altura do osso esterno
Plexo:	cardíaco
Glândula:	timo
Governa:	respiração, circulação, sistema imunológico
Características:	amor universal, dar-se, aceitação, afetividade, relacionar-se

Este é o chakra da transcendência dos sentimentos egoístas e da integração entre os vários aspectos do ser. É o centro da aceitação incondicional de si mesmo e do outro. Quando em equilíbrio, nos coloca acima da crítica, aprovação ou reprovação.

Aqui temos as qualidades da tolerância e confiança nos aspectos superiores da consciência.

O seu funcionamento deficiente pode se revelar em tendências suicidas, hipocrisia ou apatia, como expressões de um vazio interior. Pode haver também um forte sentimento de solidão. Dizem alguns autores que é possível conter a AIDS corrigindo aspectos negativos ligados a este centro. O seu funcionamento exagerado está ligado ao temperamento emotivo e ansioso.

A compreensão dos aspectos que envolvem os chakras solar e cardíaco facilita a harmonização energética, que será vista mais adiante.

Chakra da garganta	
Cor:	harmoniza-se este chakra com a cor azul-celeste
Elemento:	éter
Sentido:	audição
Localização:	na coluna vertebral, na altura da garganta
Glândula:	tireóide
Plexo:	cervical
Governa:	metabolismo
Características:	expressão de si, comunicação, audição, fluência, telepatia

O quinto chakra é a via de acesso às faculdades superiores, a ponte que liga o pensamento aos quatro elementos: terra, água, fogo e ar. A origem de cada um desses quatro elementos está no éter. É o substrato onde atuam. Através deste centro, as atividades dos níveis superiores do ser expressam-se no corpo.

O funcionamento correto deste centro capacita o indivíduo a se manter em contato com níveis de consciência mais elevados. O seu funcionamento excessivo pode causar impulsividade, inconstância, imaginação excessiva e insônia. Com a falta de vibração pode acontecer apatia, sono, depressão, inteligência e linguagem deficientes.

Ajna (e posterior da cabeça)	
Cor:	é harmonizado pela cor violeta
Elemento:	som interior
Sentido:	percepção extra-sensorial
Localização:	na testa, entre as sobrancelhas, levemente acima delas
Plexo:	cavernoso
Glândula:	hipófise ou pituitária
Governa:	crescimento, sistema endócrino
Características:	integração psíquica, desenvolvimento intelectual, autoconsciência, vontade, mente abstrata, terceira visão

Há curadores que usam o índigo para harmonizar este centro. Acontece que o índigo, segundo alguns autores, não está presente nos chakras. O violeta presta-se perfeitamente ao papel de cor harmonizadora do *ajna*.

Deste nível pode-se comandar o corpo através da mentalização. O funcionamento correto deste centro favorece a integração da personalidade. O funcionamento deficiente pode gerar sugestionabilidade, falta de vontade, infantilismo e medo do futuro. O seu funcionamento exagerado pode causar frieza de caráter, tendência ao domínio e insônia.

Há pessoas que, na tentativa de desenvolver a terceira visão, ou visão psíquica, concentram-se demasiado ou erradamente no *ajna*, acabando por congestionar meridianos localizados na cabeça, principalmente em torno dos olhos. Deve-se atentar ao fato de que a terceira visão advém de um desenvolvimento e aumento de vibração harmonioso de todos os centros de energia. A concentração excessiva ou errônea neste centro tende a causar apenas o aumento do poder da vontade e a prejudicar o organismo.

Chakra coronário

Cor:	harmonizamos este chakra através da cor violeta
Elemento:	luz interior
Sentido:	empatia
Localização:	no alto da cabeça
Plexo:	corresponde ao próprio cérebro
Glândula:	pineal ou epífise
Governa:	todo o organismo
Características:	energia anímica, consciência universal

A este chakra corresponde a auréola que vemos representada nas imagens dos santos. Nele localizam-se as energias de mais alta freqüência vibratória em nosso corpo. É onde vivenciamos a experiência de solidão e de unidade com o todo. Na renúncia aos apegos de qualquer espécie, inclusive ao próprio "ser", não é a morte física que aparece, mas apenas o fim das limitações subjetivas.

Além destes sete centros de energia, são importantes na Cura Energética os chakras do umbigo, meng-mein e o do baço.

Chakra do umbigo

Localiza-se na altura do umbigo, dois dedos abaixo dele. Os chakras sempre influenciam o funcionamento dos órgãos próximos a eles. Este centro age sobre os intestinos.

Funciona como um reservatório, podendo acumular energia vital. Os praticantes de artes marciais orientais usam uma faixa em torno da barriga para facilitar a absorção dessa energia e aumentar sua resistência física.

Através do chakra do umbigo podemos distribuir energia vital para todo o corpo etérico. Trabalhamos este centro apenas desejando que a energia vá para o chakra do baço e daí então distribua-se para todo o corpo. Dessa forma, podemos transferir energia vital para o corpo etérico também através do chakra solar, energizando-o e desejando que a energia vá para o chakra do baço e então se espalhe pelo organismo.

Chakra do baço (dorsal e frontal)

Este chakra localiza-se no baço. Temos o chakra do baço frontal e o dorsal, ambos com a mesma função.

Através do chakra do baço energiza-se todo o corpo etérico, mas não podemos esquecer que este centro nunca pode ser energizado diretamente, porque isso prejudica o baço, um órgão muito delicado. Conforme foi dito anteriormente, o chakra do baço deve sempre receber energia, de preferência através do chakra do umbigo, ou então através do chakra solar.

Chakra meng-mein

Localiza-se na região lombar, entre os rins, exatamente na mesma altura do umbigo, que pode servir de referência para sua localização exata. Devemos lembrar que o chakra meng-mein e o do umbigo não estão diretamente ligados, são centros diferentes.

Assim como os outros, o chakra meng-mein interfere nos órgãos próximos. Neste caso, intestinos, glândulas supra-renais e rins. O meng-mein controla a pressão arterial. Energizando-o, em poucos segundos podemos fazer a pressão arterial subir alguns pontos, assim como, com a limpeza deste centro, em poucos segundos podemos fazer a pressão arterial baixar.

Através deste centro podemos fazer a energia vital subir rapidamente ao longo da coluna. Ele funciona como uma estação bombeadora da energia proveniente do chakra da base.

2ª PARTE

Sem a menor dúvida o sobrenatural não existe.

É o não-familiar que é chamado sobrenatural.

Um grão de areia é tão misterioso quanto um planeta;

Um corpo físico, tão misterioso quanto um corpo astral.

Sylvan J. Muldoon e Hereward Carrington,
A Projeção do Corpo Astral.[3]

Cura Prânica

A Cura Prânica baseia-se em antiqüíssimos conhecimentos orientais de cura. Estima-se que sua origem remonte a cerca de 6.000 anos. A Cura Prânica utiliza as mãos para curar sem tocar o paciente e seus procedimentos básicos são a descongestão energética, também chamada de limpeza ou varredura, e a energização por transferência, pois não se utiliza a própria energia vital para energizar, mas a que está presente no ambiente.

Segundo Choa Kok Sui,[4] "a Cura Prânica baseia-se na estrutura global do corpo humano. O corpo físico do homem é realmente composto de duas partes: o corpo físico visível e o corpo de energia invisível, ou corpo bioplasmático. O corpo físico visível é aquela parte do corpo humano que vemos, tocamos e com que estamos mais familiarizados. O corpo bioplasmático é o corpo de energia luminosa invisível, que interpenetra o corpo físico visível e se estende além dele cerca de dez a treze centímetros. Tradicionalmente, os clarividentes denominam esse corpo de energia de corpo etérico ou duplo etérico. A Cura Prânica é uma antiga ciência e arte de cura que utiliza o prana, *ki*, ou energia vital, para curar todo o corpo físico. Também envolve a manipulação do *ki* ou matéria bioplasmática do corpo do paciente. Tem sido variadamente chamada de cura psíquica, cura magnética, cura pela fé e cura através das mãos".

A seguir são descritos os procedimentos introdutórios à Cura Prânica, com todas as informações básicas sobre as suas manobras, mostradas de maneira que o leitor possa transferir facilmente para a sua prática os conceitos teóricos correspondentes, importantes para o desenvolvimento do trabalho de cura.

1) Abertura

O estado de doença implica o predomínio de um padrão vibratório de energia baixo e desorganizado. Quando nos voltamos para pensamentos nobres e elevados e, independentemente de sermos religiosos ou ateus, estabelecemos uma ligação com os planos mais refinados de energia, nos posicionamos em um padrão vibratório mais organizado e elevado do que aquele que permite a instalação do distúrbio ou doença. A energia mais sutil penetra a mais densa com facilidade e, dessa forma, é possível curar.

Quando uma pessoa se fecha em um padrão vibratório doentio e o alimenta com pensamentos e atitudes viciosas, mantendo-se resistente a mudanças, também fica resistente à energia nova e dificulta a sua cura.

Curar-se implica aprender, abrir mão de opiniões, de apegos excessivos e do passado. Implica abrir-se para o futuro, para uma vida diferente e nova.

A fixação excessiva nas emoções inferiores que desequilibram o plexo solar, juntamente com uma alimentação incorreta, é a principal causa da maioria das doenças e disfunções orgânicas.

Entoar mantras e hinos, ou orar (também apenas mentalmente), pode facilitar a elevação do padrão vibratório da nossa energia vital. Podemos também elevá-lo apenas nos sintonizando com imagens e pensamentos de paz, luz e harmonia.

Portanto, *na abertura dos trabalhos de cura, devemos nos desligar dos problemas cotidianos e nos voltar para pensamentos elevados e espiritualizados.*

Com essa atitude, o nosso poder de cura pode ser aproveitado ao máximo. Fazer alguns pranayama também ajuda a aumentar a força da cura.

2) *Sensibilização das mãos*

Depois de termos nos desligado dos problemas do dia-a-dia e concentrado a atenção no trabalho de curar, em pé ou sentados, com as palmas das mãos voltadas para cima procuramos sentir a energia fluindo através delas.

Poderá haver sensações de peso, formigamento, calor, frio, de aumento no tamanho das mãos etc. Pode-se apertar a palma de uma mão com o polegar da outra para acelerar o processo de sensibilização. Lembre-se também de procurar sentir a energia fluindo pela ponta dos dedos.

3) *Limpeza energética local*

Por meio de gestos devidamente acompanhados do desejo de curar, é possível liberar pontos de má circulação energética, tornando assim possível a recuperação do equilíbrio.

Das manobras de cura, o trabalho de limpeza é o mais simples e fácil de fazer porque, para sua execução, não é necessária grande concentração, apenas atenção ao que está sendo feito e desejar que a região tratada fique limpa.

A concentração excessiva atrapalha. Da mesma forma que não precisamos ficar sérios e compenetrados ao limpar um móvel de casa com o espanador, devemos manter uma atitude leve e descontraída ao fazer uma limpeza energética.

Os gestos devem ser bem claros, definidos e não muito lentos. Se movimentarmos as mãos lentamente enquanto fazemos a limpeza, e se nos concentrarmos em demasia, acabaremos energizando o paciente.

A limpeza sozinha pode funcionar como um tratamento completo porque, quando liberamos pontos de má circulação energética no paciente, possibilitamos a revitalização do seu organismo. Quando limpamos uma região, mesmo que pequena, como um ombro ou pé, há uma mobilização de energia em todo o corpo do paciente.

Simplesmente limpamos e o próprio metabolismo corporal se encarrega de captar energia do ambiente. Raramente é necessário energizar crianças até o início da adolescência porque, salvo em doenças graves envolvendo perda de energia, elas possuem muita energia vital presente no organismo e se reciclam sozinhas. Após uma limpeza, em poucos minutos elas automaticamente se reenergizam. Inclusive é melhor evitar a energização em crianças porque, como os seus meridianos de energia são pequenos e delicados, podem se congestionar com facilidade.

Apenas com a remoção da matéria desvitalizada e a conseqüente liberação da circulação energética, uma pessoa pode experimentar uma melhora às vezes até de 100%, seja criança ou adulto, porque a energia vital é automaticamente captada pelo organismo.

Para limpar, imagine uma nuvem em torno da região afetada, composta de partículas sujas que precisam ser retiradas. Vá retirando essa matéria desvitalizada com a mão em concha e jogue-a numa vasilha com água e sal. A cada pouco, limpe a mão com álcool. Quando a região estiver suficientemente limpa, você poderá energizar da maneira mostrada no item 4.

A Cura Energética nunca é um tratamento apenas sintomático, sempre age profundamente no conjunto do organismo do indivíduo. Naturalmente, a qualidade dos resultados alcançados dependerá, além da habilidade do curador, do tipo de caso, da sua gravidade e da abertura do paciente a essa forma de tratamento.

Um órgão ou região do corpo que não esteja funcionando direito está com a sua energia vital desequilibrada, apresentando congestão ou então exaustão, mas a limpeza energética sempre será bem-vinda. No caso de exaustão fará a energia circular melhor, desobstruindo os meridianos na região afetada e em torno dela. No caso de congestão retirará o excesso de energia, melhorando assim a circulação na região tratada e em torno dela. Começando um trabalho pela limpeza nunca estaremos errando e evitaremos a chamada reação de cura.

A reação de cura acontece quando uma região ou órgão está com a sua circulação de energia afetada e energizamos sem uma limpeza prévia. Isso pode causar uma congestão, o que faz os sintomas piorarem. O termo "reação de cura", portanto, diz respeito a uma radicalização do quadro apresentado.

É possível tratar pacientes apenas com energização, sem utilizar técnicas de varredura e limpeza, mas para isso é necessário já uma certa habilidade no manuseio da energia vital e estar com a própria energia razoavelmente refinada, para não causar desconforto ao cliente. O uso prévio das técnicas de limpeza torna o trabalho mais fácil e seguro.

Limpeza colorida local

Para facilitar a remoção de matéria indesejada, seja de origem física ou emocional, podemos usar a energia colorida. Isso pode ser feito de duas maneiras: energizando levemente o paciente com energia colorida antes da limpeza (localizada ou geral, dependendo do caso), ou então aplicando imediatamente a limpeza colorida.

Podemos usar o verde para "amolecer" matéria bioplasmática suja ou desvitalizada, incrustada na aura ou nos chakras. Podemos também usá-lo para remover edemas ou cistos com mais facilidade. O verde também pode ser utilizado para amolecer e mover conteúdos emocionais tais como angústias ou raivas antigas grudadas no peito, nos chakras solar ou cardíaco, ou em outros lugares, que depois podem ser trabalhados em psicoterapia. Esse procedimento está descrito na 3ª Parte, Cura por Imagens.

Mantendo o ambiente limpo

Após retirar matéria contaminada ou desvitalizada, há curadores que simplesmente esfregam as mãos uma contra a outra mentalizando que, com esse gesto, elas ficam limpas. Se estivermos trabalhando ao ar livre, será suficiente jogarmos a matéria contaminada no chão.

Se estivermos trabalhando em uma sala, podemos jogá-la fora, por uma janela próxima. Podemos também jogá-la no chão visualizando sua penetração terra adentro, lá se desintegrando e desaparecendo, ou ainda imaginar uma fogueira que a purifica e recicla.

Na Cura Prânica costuma-se trabalhar jogando a matéria suja ou desvitalizada em uma pequena bacia contendo água e sal: cerca de um litro de água e uma mão cheia de sal grosso.

O sal é universalmente conhecido como purificador. Muitos cultos das mais diversas religiões e seitas são realizados à beira da água, como, por exemplo, no Brasil o culto a Iemanjá, deusa das águas.

A água benta da igreja católica nada mais é do que água e sal. A origem do ritual com água benta está nos poderes purificadores da água e do sal. A água tem a capacidade de atrair energia, tanto boa como ruim, por isso aconselha-se os pacientes de curas energéticas a esperar pelo menos duas horas antes de tomar banho depois de uma sessão, devido à possibilidade de enfraquecer a cura em razão dessa característica da água.

O sal tem a capacidade de dissolver matéria contaminada e é universalmente utilizado como elemento de purificação.

O uso do álcool na limpeza energética

O álcool, assim como a água com sal, é utilizado nos procedimentos de autoproteção do curador. Além da vasilha com água e sal, na Cura Prânica costuma-se utilizar álcool comum. É freqüente o curador contaminar parcialmente suas mãos ao tratar de um paciente. Como agentes de limpeza, o álcool ou mesmo água e sabão funcionam muito bem.

Quando o curador sofre uma contaminação forte, pode ser necessário tomar um banho de corpo inteiro com ervas purificadoras, mas o mais comum é a contaminação parcial das mãos, sendo preciso apenas lavar os braços até os cotovelos.

Em geral, durante o atendimento é suficiente usar um borrifador comum, de jardim, contendo álcool, que tem a vantagem de tornar a limpeza das mãos prática, porque o álcool evapora rapidamente e assim não é necessário interromper a sessão para lavar as mãos toda vez que acontecer alguma contaminação.

A contaminação costuma acontecer mais em começo de carreira. Conforme o curador vai adquirindo prática em lidar com os fenômenos de transferência energética envolvidos na cura, ela se torna menos comum.

Para que a contaminação não aconteça, é necessário que o curador tenha sempre em mente a importância de se colocar como um canal, um veículo de cura. Quando um curador, terapeuta ou profissional atuando em qualquer ramo de atividade humana se relaciona de maneira pessoal com o paciente ou cliente, abrem-se as portas para uma contaminação.

Devemos ter sensibilidade — a maior possível — ao problema do outro, mas não "pena". Quanto mais nos colocamos como um canal do amor divino, do amor cósmico, menor é a possibilidade de contaminação e mais condições teremos de resolver o problema de nosso cliente.

A oração ainda é a grande "técnica" de proteção, por ser uma maneira de nos elevar espiritualmente e sintonizar com as energias mais refinadas.

Na medida em que praticamos a cura, um sentimento de comunhão com os aspectos mais elevados da existência tende a se tornar cada vez mais presente e fazer parte da nossa maneira de ser. A oração como tal, dentro de um formato, torna-se menos necessária, assim como procedimentos formais de proteção.

4) Energização

Após a limpeza passamos à energização. *Simplesmente mentalizamos a captação de energia pela palma de uma das mãos e sua emissão pela outra, sem perder de vista o desejo de curar e de harmonizar a energia do doente.*

Enquanto você transfere energia, peça mentalmente ao seu "eu superior" ou para as entidades de luz ajudarem na cura. Você será ajudado.

"Não acredito em bruxas, mas que elas existem, existem." Essa frase expressa bem a polêmica que existe em torno da existência ou não de entidades de luz, entidades espirituais, angelicais, espíritos, elementais etc.

Linhas de pensamento mais próximas do espiritismo e das religiões e seitas místicas em geral sustentam que elas existem e pertencem a um outro plano de realidade mais sutil. Outras dizem que seres sutis são apenas desdobramentos do nosso próprio psiquismo.

Na verdade, não se discute a existência ou não dessas entidades, porque, se forem desdobramentos da nossa mente, também existem, já que nós, seres humanos, existimos, e suas manifestações são óbvias para a maioria das pessoas. O que se discute é de onde aparecem ou a quem pertencem, não a sua existência. Para efeito do trabalho de cura, essas discussões não têm a menor importância. O fato é que as entidades espirituais e de luz, existindo ou não, ajudam muito quando solicitadas.

Voltando à transferência de energia: devemos nos concentrar sempre um pouco mais na mão captadora de energia para garantir que não venhamos a perder energia durante a cura.

Se perdemos energia tratando de um ou dois pacientes eventuais, isso provavelmente não tem muita importância, porque o corpo naturalmente se recarrega, mas para quem trabalha profissionalmente, atendendo muitos pacientes por dia, o procedimento se torna importante.

Um outro recurso para evitar a perda de energia é pedir ao eu superior ou às entidades de luz, enquanto energizamos, que reservem um pouco dessa energia em nós para que, ao final dos atendimentos do dia, ao invés de cansados, possamos nos sentir melhor do que quando começamos e, dessa maneira, sermos sempre capazes de ajudar muitas pessoas.

A energização ou transferência de energia vital é um processo que, em algum grau, acontece o tempo todo. Quando entramos em um ambiente ou nos aproximamos de pessoas, passa imediatamente a haver uma troca. O leitor não precisa ficar preocupado, porque o corpo possui mecanismos automáticos de proteção, mas sempre somos, em algum grau, influenciados pela energia das pessoas que estão próximas a nós e vice-versa.

Quando impomos as mãos sobre uma pessoa e desejamos que ela fique boa, a troca natural de energia se intensifica, só que nesse caso estamos impondo uma energia de cura. Esse tipo de energia tende a prevalecer, não havendo grandes perigos de contaminação se forem obedecidos os procedimentos de proteção.

O nosso corpo todo troca energia com o meio ambiente. Há curadores que usam o chakra cardíaco, o centro de energia localizado no tórax, no meio do osso esterno, para energizar. Outros usam os olhos. Essas maneiras de trabalhar não são muito aconselháveis, porque expõem órgãos importantes e vitais. Se houver alguma contaminação enquanto estiverem trabalhando com os olhos ou o chakra cardíaco, serão contaminadas regiões delicadas.

Se estivermos energizando com as mãos e houver uma contaminação, não haverá grandes problemas, porque as mãos não são órgãos vitais como o coração ou os olhos, bastando em geral lavar bem com água e sabão para que tudo volte ao normal. Além disso, curar com as mãos é prático, porque dá mobilidade ao curador.

Embora o desejo seja determinante para curar, não é recomendável forçá-lo. Na energização usamos uma mão para captar energia e a outra para emiti-la; dessa forma, funcionamos como um canal de cura. Há curadores que utilizam a energia do próprio corpo para curar e depois a repõem. É um formato mais difícil e requer do curador uma intimidade razoável com os processos energéticos porque, se o processo não for bem feito, levará a um enfraquecimento progressivo do organismo. Transferir energia é mais fácil e seguro.

Para uma pessoa de sensibilidade normal, com capacidade normal de concentração, basta "ordenar" a uma das mãos que capte energia e à outra que emita, e o processo estará desencadeado. Devemos apenas pensar que somos como uma mangueira de água, só que em vez de água transmitimos energia. Se nos tensionamos, "apertamos" essa energia. Assim como uma mangueira apertada não pode transmitir água adequadamente, se estivermos tensos também não conseguiremos transmitir a energia necessária.

Não é preciso sentir a energia fluindo através das mãos. Há pessoas que não sentem e no entanto possuem grande capacidade de cura. A sensibilidade vem com o tempo e com o treino.

Também não é necessário ter algum poder especial. Pessoas absolutamente comuns podem curar muito bem.

Muitas vezes me perguntam como é que uma pessoa que não sente nada vai saber se o seu paciente está curado. É simples, basta começar tratando pessoas que consigam se comunicar.

Podemos começar com dores ou disfunções de sintomatologia evidente, como cólicas menstruais ou gastrintestinais etc. e, enquanto trabalhamos, perguntamos para a pessoa se está melhorando ou piorando. Dessa forma, podemos ajustar as manobras utilizadas na cura até obter uma boa resposta.

Trabalhando dentro da seqüência padrão e obedecendo aos procedimentos básicos, o trabalho será feito com segurança e evoluirá rapidamente.

A energia vital está presente em tudo. Pode ser retirada da luz do sol, mas a energia captada diretamente do sol é muito forte e pode causar congestão no paciente. Pode ser retirada das plantas: os povos indígenas nos ensinam que quando estivermos cansados basta abraçarmos uma árvore, pedir a ela que nos energize e nos sentiremos imediatamente revigorados. Também pode ser retirada dos alimentos etc.

É prático curar captando energia vital do ar. Para tanto, é suficiente colocar a mão receptora com a palma voltada para cima e mentalizar a entrada de energia. A captação imediatamente começará a acontecer, mesmo que não a sintamos. Ao mesmo tempo, viramos a palma da mão emissora na direção do paciente.

Os chakras, que são centros de energia, tanto captam como projetam energia. No centro da palma de cada mão há um chakra, por isso as mãos podem ser utilizadas. Ambas as mãos podem captar ou emitir energia, indiferentemente. Tecnicamente é a mesma coisa, mas tanto há autores que recomendam a captação realizada com a mão esquerda e a emissão com a direita, como o inverso.

5) Estabilização da cura

Depois de termos trabalhado adequadamente nosso paciente, usando os procedimentos de limpeza e energização, e de termos constatado que já fizemos por ele tudo o que podíamos naquele momento, precisamos estabilizar a cura.

Estabiliza-se a cura apenas desejando que isso aconteça ou então "pintando" o paciente com um pincel imaginário, de azul celeste bem claro. Devem ser dadas apenas três pinceladas, em movimentos breves, já que se demorarmos muito nessa estabilização acabaremos por energizar a pessoa com azul, o que é uma outra manobra.

6) Corte dos laços que nos ligam ao paciente

Para terminar, cortamos com uma tesoura imaginária os laços que nos ligam ao paciente naquele momento. No ritmo de atendimento em consultório, o corte de laços em geral é automático porque, quando um cliente está saindo, já começamos a pensar no próximo.

O corte de laços é particularmente importante com parentes, pessoas amigas ou pessoas que nos sensibilizam de uma maneira especial. O pensamento interfere na energia. Quando emitimos pensamentos de preocupação, a energia gerada por eles chega até o paciente e, dessa forma, podemos desestabilizar a cura feita.

Quando temos um doente grave e ficamos preocupados, a cura terá um efeito limitado, pois está o tempo todo sendo desfeita por nós mesmos. O procedimento correto consiste em cortar os laços que nos unem ao paciente e depois pedir às entidades de luz que o protejam e ajudem.

Como já foi dito antes, não importa se os anjos existem ou não, o que importa é a mobilização da energia harmonizadora nos planos mais sutis.

7) Encerramento

Após termos nos despedido do cliente, ou terminado todo o trabalho de cura naquele dia, devemos encerrar formalmente a sessão ou consulta.

Há curadores que perdem energia dia e noite. Isso às vezes acontece porque não administram a sua mente e permanecem abertos, nos planos sutis, a todos que os procuram. Quando determinamos mentalmente que o trabalho de cura terá começo, meio e fim, segundo uma determinada ritualização, nos condicionamos a curar apenas nessas condições.

Para que a energia do curador não seja sugada por pessoas que precisam de ajuda, basta estabelecer um comando mental de que só haverá sessões, mesmo quando à distância, em horários antecipadamente combinados.

Nas demais horas do dia e da noite, o curador pode estabelecer mentalmente que estará acessível a chamados de ajuda, mas que a cura não se dará automaticamente, como é comum vermos acontecer com curadores espontâneos, possuidores de mediunidade.

No encerramento, pedimos às entidades de luz que nos limpem de qualquer contaminação que possa haver em nós e também pedimos para que o nosso ambiente de trabalho fique limpo e livre de qualquer energia negativa. Em seguida, para terminar, agradecemos por toda a ajuda e proteção recebidas.

Procedimentos de proteção

A proteção se realiza por meio de uma administração mental. Basicamente, acontece por uma determinação interior no sentido de querermos estar protegidos. Sem uma decisão interior de não contaminação, as técnicas de proteção não surtem muito efeito.

São inúmeras as formas de nos proteger energeticamente. Podem ser utilizados cristais, talismãs, pedras, incensos etc. Algumas condutas que dão bons resultados são as seguintes.

Determinação do horário de cura, tanto consciente quanto inconsciente (há curadores que curam sem terem a consciência de que o estão fazendo, ou durante o sono).

Harmonização energética: mandar amor e luz para as pessoas neutraliza possíveis energias negativas que venham em nossa direção.

Técnicas de visualizações protetoras que a sua imaginação criar, mas que não reflitam energia de volta.

Oração: a elevação espiritual é a grande "técnica de proteção" e sempre será. Pode ser feita através de orações formatadas como tal, ou não.

Na Cura Prânica, usa-se água e sal para ajudar a proteger, durante as consultas.

Limpeza geral

A limpeza geral proporciona bem-estar generalizado. É boa para acalmar e para a insônia, especialmente em crianças. Retira-se matéria bioplasmática com uma das mãos ou com ambas simultaneamente, ao longo de todo o corpo, na frente e atrás, de cima para baixo, várias vezes, conforme a necessidade. O movimento começa no alto da cabeça e vai até os pés. A cada gesto, joga-se a matéria retirada na pequena bacia contendo água e sal. Caso o paciente se sinta sonolento e você o quer desperto, faça após a primeira limpeza alguns gestos de limpeza de baixo para cima.

Por si só, a limpeza bioplasmática geral contribui para que o metabolismo energético melhore, facilitando as trocas de energia com o ambiente. Também é uma forma de redistribuir energia vital por todo o organismo, sem precisarmos identificar os eventuais pontos de congestão ou exaustão.

Há pessoas que perdem energia vital, o que pode ser observado por clarividentes como buracos na aura. Como fortalece o metabolismo energético, a limpeza geral contribui para que isso não aconteça.

Energização com cores

O uso da energização com cores é simples. Pode ser feito tanto em curas localizadas quanto em um trabalho geral de organização de energia. Melhora em muito o trabalho de cura, porém existe um detalhe importante que deve ser observado para que a transferência de energia com as cores funcione como se espera: trata-se da maneira como se mentaliza a cor. No caso da transferência comum, basta nos concentrar na mão emissora e captadora, ou então no chakra captador e nas mãos, ao transferir energia e automaticamente ela fluirá.

Isso vale também no caso da energização com cores, porém, para imprimir uma determinada cor, é preciso que essa transferência seja acompanhada não só da visualização da cor desejada, mas também do desejo o mais preciso possível da transformação que estamos querendo com aquela manobra. Por exemplo, ao imprimirmos vermelho com o objetivo de tornar o paciente mais forte, devemos determinar isso de maneira clara.

Ao imprimirmos azul, por exemplo, pretendendo acalmar o paciente, devemos mentalizar a cor e ao mesmo tempo repetir mentalmente "acalme-se", "acalme-se", tentando também visualizá-lo acalmando-se.

A simples mentalização da cor, desacompanhada do desejo daquilo que estamos querendo obter, faz com que o paciente seja impregnado de amarelo, pois o amarelo é a cor da memória, do pensamento racional; pode também aparecer uma cor diferente daquela que o paciente necessita.

Além disso, nossos sentimentos e emoções particulares, que não se referem ao trabalho que está sendo feito no momento, deverão ficar completamente de lado para não interferir na transferência da cor correta.

Devemos nos concentrar naquilo que formos fazer: fortalecimento, calma, desintegração, amolecimento, e assim por diante.

Sendo observado esse detalhe, o trabalho com energia colorida fica fácil de realizar, sem o perigo de transferirmos uma cor errada. O desejo expresso com nitidez e ênfase fará com que a cura se processe adequadamente, neutralizando eventuais erros teóricos.

Uma forma de energização com cores utilizada por muitos curadores consiste em perguntar ao eu superior ou às entidades de luz qual cor o paciente necessita naquele momento. Realiza-se então a transferência de energia com cores, da mesma forma que a transferência comum, simplesmente assistindo-a realizar-se, seja pela clarividência, seja pela imaginação ou visualização. Há pessoas que, mesmo sem clarividência, têm uma forte intuição de qual cor está fluindo no processo e realizam a transferência energética corretamente dessa maneira.

Principais propriedades da energia colorida

O uso da energia colorida torna mais fácil e eficiente o trabalho de cura. Para o leitor ter uma noção das possibilidades de seu uso, serão descritas a seguir as principais propriedades de cada cor. Quem quiser aprofundar-se no assunto encontrará no livro de Choa Kok Sui, *Cura Prânica Avançada,*[5] amplo material para esse estudo. Sempre deve ser usada a cor esbranquiçada. O branco suaviza o efeito da energia. O uso de cores fortes pode fazer com que o efeito desejado seja invertido.

Energia vermelha: fortalece, revitaliza, estimula; aquece, expande; é utilizada no fortalecimento geral do organismo, ou de partes enfraquecidas; é útil em alergias.

Energia laranja: desintegra, libera, purifica; pode-se usá-la para dissolver cálculos, limpar as vias aéreas, na prisão de ventre etc.; deve ser usada com cuidado.

Energia verde: libera, amolece, purifica; o verde é a cor da cura por excelência, podendo ser utilizado na maioria dos casos; age tanto sobre problemas físicos como emocionais.

Energia amarela: consolida, estimula, regenera; pode ser utilizada principalmente em fraturas e doenças de pele.

Energia azul: acalma, inibe, anestesia e refresca; localiza, coagula; é especialmente indicada para reduzir a ansiedade.

Energia branca: reúne as propriedades de todas as outras energias, podendo ser utilizada em qualquer caso; é uma cor "curinga".

Energia violeta: reúne as propriedades de todas as outras energias, podendo ser utilizada em qualquer caso; é mais penetrante que o branco.

Energização geral

Podemos energizar todo o corpo através dos chakras, de baixo para cima, captando energia com uma mão e transferindo com a outra, sempre lembrando de mentalizar um pouco mais de captação do que emissão, da seguinte maneira:

Transfira energia *vermelha* esbranquiçada para o chakra da *base*. O tempo de energização só pode ser determinado intuitivamente. O curador aprende com o tempo a sentir quando já transferiu o suficiente.

Com a prática, é possível dosar a quantidade de energia com precisão e facilidade. Às vezes o paciente passa a se sentir desconfortável, o que indica energia em excesso. Para corrigir um eventual desconforto, basta limpar o chakra novamente.

O chakra da base só existe na parte de trás do corpo, porém com o paciente sentado ou deitado podemos transferir energia pelo chakra secundário da base, localizado no períneo, desejando que a energia vá para o chakra da base.

Enquanto você trabalha o chakra da base, mentalize raízes saindo dele, percorrendo as pernas e pés e depois penetrando na terra. Isso dará mais firmeza e estabilidade ao paciente, fixando-o melhor ao planeta e contribuindo para uma melhor adaptação à vida cotidiana. A energização do chakra da base contribui para o fortalecimento físico.

Em seguida passe para o chakra do *umbigo*, dois dedos abaixo dele. Através deste chakra pode-se transferir energia para todo o corpo etérico, mentalizando a energia vital *branca* indo para o chakra do baço e daí distribuindo-se pelos demais chakras.

Há curadores que preferem energizar também o chakra sexual na energização geral. Isso nem sempre é necessário porque, devido à proximidade, parte da energia dirigida ao chakra da base irá para o chakra sexual e parte da energia dirigida para o chakra do umbigo também irá para esse chakra. Quando, porém, houver a necessidade específica de trabalhar diretamente o chakra sexual, deve-se fazê-lo. Nesse caso, transfira para ele energia esbranquiçada na cor *laranja*.

Agora, trabalhe o chakra *solar* frontal e dorsal: o frontal, segundo o sistema aqui adotado, fica localizado logo abaixo do osso esterno. O dorsal fica atrás, exatamente na mesma altura.

Coloque uma das mãos na altura do chakra frontal, outra na altura do chakra dorsal, mantendo sempre uma distância de 10 a 15 cm. Faça a transferência energética de *amarelo* esbranquiçado com as duas mãos simultaneamente. A captação pode ser feita pelo seu chakra coronário. O processo de captação de energia pelo chakra coronário é o mesmo de captação com a mão, bastando concentrar um pouco a sua atenção no chakra coronário e determinar mentalmente que ele capte energia e a transfira para as mãos.

Passe então para o chakra *cardíaco* frontal e dorsal: o frontal fica localizado na altura do osso esterno, exatamente a meio caminho entre o chakra secundário da garganta, localizado na parte mais mole logo acima do osso esterno, e o chakra solar.

O dorsal fica atrás, exatamente na mesma altura, entre as escápulas. Energize com *verde-esmeralda* esbranquiçado com as duas mãos ao mesmo tempo, uma no chakra frontal e a outra no dorsal. A captação pode ser feita pelo seu chakra coronário.

Em seguida vá para o chakra da *garganta*, que fica na altura do pomo-de-adão. Energize este centro com *azul-celeste* esbranquiçado, usando as duas mãos.

O terapeuta deve colocar-se atrás do paciente, apoiando levemente a borda das mãos sobre os seus ombros, energizando-o pelos lados do pescoço. A abordagem deste centro pela frente costuma gerar desconforto.

Agora passe para o *ajna*. Este chakra localiza-se entre as sobrancelhas, levemente acima delas. Tem um correspondente atrás, que é o centro posterior da cabeça.

Transfira energia *violeta* esbranquiçada com as duas mãos, colocando uma à frente do *ajna* e outra no posterior da cabeça. Há sistemas que aqui utilizam a cor índigo. O violeta pode ser utilizado com ótimos resultados.

Finalmente, transfira energia vital para o chakra *coronário*, situado no alto da cabeça. Coloque as duas mãos, sem encostar, sobre a cabeça do paciente formando entre si um ângulo de 45° e faça a energização com *violeta* esbranquiçado.

Exame da energia vital

Quando uma pessoa está com algum problema de saúde, problemas emocionais etc., inevitavelmente haverá alterações no fluxo de energia do seu organismo. Cada curador sente essas alterações de maneira particular. Procure examinar a energia vital de pessoas que você conhece para aprender a identificar a qualidade da energia alterada. Com o tempo você terá o seu próprio código de identificação das sensações percebidas. Sempre é bom lembrar que o curador não precisa saber o que o paciente tem para ajudá-lo.

Para examinar você pode proceder da seguinte maneira: coloque o paciente em pé na sua frente. Procure sentir a energia da sua aura andando em torno dele e movimentando a sua mão direita horizontalmente, afastando-a e aproximando-a do seu corpo. Faça o mesmo verticalmente também.

É importante atentar para o fato de que movimentos lentos demais ou a concentração excessiva o levarão a transferir energia vital para a pessoa sendo examinada, o que alterará o seu quadro energético podendo confundir o curador. Poderão ser percebidas, em determinados pontos do corpo, alterações de densidade, temperatura, textura, fluidez ou outras.

As mãos do examinador podem ou não formigar, transpirar, ficar frias, quentes, pesadas etc.

Quando examinar os centros de energia, procure sentir a qualidade emocional que determinado centro possa estar transmitindo: raiva, insegurança, medo, angústia, carência afetiva, solidão, tédio e assim por diante.

Você também pode sentir como está o corpo interiormente. É possível dessa maneira, com treino, detectar regiões internas do corpo obstruídas, inflamadas, lesionadas, vértebras fora do lugar ou outros problemas.

Podem também ser captadas imagens do inconsciente do paciente. O exame da energia vital pode ser feito tanto com a pessoa na nossa frente como à distância.

3ª PARTE

"– A recapitulação da nossa vida nunca termina,
não importa que tenhamos recapitulado direito
– disse Dom Juan. – O motivo de as pessoas comuns
não terem vontade própria nos sonhos é
nunca terem recapitulado, e suas vidas ficam
cheias até a borda de emoções como lembranças,
esperanças, medos etc.
Os feiticeiros, por outro lado, são relativamente
livres de emoções pesadas e opressivas, por
causa da recapitulação. E se alguma coisa faz com
que eles fiquem bloqueados, como está acontecendo
com você, a suposição é que ainda existe alguma coisa
neles que não está suficientemente clara."

Carlos Castañeda, *A Arte do Sonhar.*[6]

Cura por Imagens (visualizações)

Conceitos

Muitos terapeutas e curadores utilizam instintivamente, nos seus atendimentos, elementos da Cura por Imagens. Por exemplo, ao energizar um paciente, mentalizando que a energia captada por nossas mãos flui para o seu corpo, e ao fazermos limpeza, mentalizando sua aura limpa e brilhante, estamos fazendo não só Cura Prânica, mas também Cura por Imagens.

Choa Kok Sui desenvolve em seu livro *A Antiga Ciência e Arte da Cura Prânica*[4] alguns conceitos que podem ser considerados como Cura por Imagens. Diz ele: "Os clarividentes observaram que *o corpo físico visível é moldado pelo corpo bioplasmático*. A mente pode, intencionalmente ou não, influenciar o corpo bioplasmático. Homens versados em estudos esotéricos encorajam suas esposas grávidas a olhar para coisas belas, a ouvir músicas harmoniosas, a sentir e pensar positivamente, a se envolver em estudos sérios e a evitar as contradições. Essas atividades afetam não apenas as formas do bebê, mas também suas tendências e potencialidades mentais. Se as influências são positivas, então os efeitos serão positivos. Se são negativas, os efeitos serão negativos. As mulheres grávidas devem tomar nota disso, de modo a serem mais capazes de dar à luz crianças mais sadias".

Combinam com esses comentários as palavras de Daskalos, o grande curador grego, no livro de Kyriacos C. Markides:[7] "Elementais –

explicou – têm vida própria, como qualquer outra forma de vida, e podem ter uma experiência independente daquela que os projetou. Qualquer pensamento e qualquer sentimento que um indivíduo projeta é um elemental". A seguir, Daskalos explicou que há dois tipos de elementais: os produzidos subconscientemente, que ele chamou de elementais de "desejos-pensamentos", e os construídos conscientemente, chamados de "pensamentos-desejos": "Um pesquisador da verdade deve treinar-se para construir elementais poderosos mas benéficos, feitos de fortes pensamentos, dentro dos quais desejo e sentimento desempenham um papel de apoio. Esses elementais de pensamentos-desejos duram mais, são mais poderosos e tendem a completar muito mais rapidamente a tarefa para a qual foram construídos. [...] Elementais de desejos-pensamentos são uma característica das pessoas comuns, que não têm entendimento sobre a natureza do pensamento e do desejo. Conseqüentemente, elas, com freqüência, são presas fáceis dos elementais que elas mesmas criaram. De acordo com a lei da natureza, uma vez projetados, os elementais voltarão, no final, ao subconsciente da pessoa que os criou. Eles então afloram das profundezas da memória para adquirir nova energia e retirar-se outra vez".

E continua: "[...] Vocês devem comandar essas propriedades do éter exercitando a construção de imagens vivas e poderosas, passíveis de serem aplicadas à terapia. No momento em que criam tais elementais benéficos, eles se tornam, automaticamente, carregados com as propriedades criativas do éter, que são o campo do Espírito Santo e do Logos Cristo. Nos próximos quinze dias, gostaria que fizessem o seguinte exercício: fechem os olhos e vejam, com seus olhos etéricos, que estão segurando nas mãos uma bola luminosa de luz branca, do tamanho de uma bola de tênis. Vocês estão, agora, praticando a propriedade de impressão do éter. Sintam-na em suas mãos. Ela está viva e vibra com luminosidade. Isso irá treiná-los no comando do sentido de propriedade do éter. Vocês criaram um elemental de pensamento-desejo que pode ser usado em terapia à distância".

Todo trabalho de cura, quando enriquecido pelo conceito de Cura por Imagens, pode ter o seu efeito ampliado. Assim, em uma massagem, podemos visualizar e/ou desejar que o cliente fique calmo, vigoroso, saudável etc.

A expressão mental daquilo que estamos pretendendo conduz a uma melhor qualidade terapêutica. Na acupuntura, no Do-In, Shiatsu e em outras práticas terapêuticas energéticas, o desejo expresso de levar bem-estar ao cliente e a visualização da energia distribuindo-se adequadamente pelo corpo otimizam os resultados.

O pensamento inconsciente expressa-se em sons, palavras e, principalmente, por imagens. Lauro Trevisan[8] diz assim: "Quando perguntaram, num programa de televisão, ao escritor Nelson Rodrigues o que ele pensava sobre a morte, ele citou alguém que teria dito que 'a morte é a coisa mais triste', e acrescentou: 'não, a morte não é triste, triste é a vida'".

Esta é mais uma das muitas definições que podemos encontrar sobre a vida. Na maioria, negativas. Na verdade, cada pessoa tem uma definição própria para a vida, a partir do seu modo de pensar. Quem pensa na vida como algo agradável, cheio de belas surpresas, dirá que a vida é boa. Quem pensa que a vida para ser boa deve lhe trazer um certo benefício que não conseguiu ainda alcançar, dirá que a vida é uma frustração. Quem só enxerga na vida os outros subindo e ele descendo, afirmará que a vida é uma injustiça cruel. Quem acorda sempre disposto, confiante na sua boa estrela, dirá que a vida é uma irradiação de felicidade. Quem vive um grande amor, dirá que a vida é amor. A vida é, em grande parte, uma projeção da nossa mente, o resultado provável dos nossos pensamentos.

James Allen, citado por Lauro Trevisan,[8] afirmou: "Tudo quanto o homem consegue e tudo quanto deixa de conseguir é resultado direto dos seus próprios pensamentos".

O pensamento consciente, racional e linear imprime uma direção ao pensamento inconsciente, e este se processa por imagens. O inconsciente aceita sem discutir as ordens que recebe e procura cumpri-las. Se penso de uma maneira otimista, imprimirei no meu inconsciente imagens equivalentes que influenciarão o meu corpo e a minha saúde física.

O pensamento gera uma imagem holográfica que se projeta na aura e pode ser captada pelos sensitivos. Sua energia cria em torno de nós um "clima". Energia atrai energia semelhante. O clima criado pelos pensamentos e transformado em imagens no inconsciente acaba atraindo pessoas e situações compatíveis com ele.

A mentalização de imagens pode ser útil para quem deseja projetar o seu corpo astral. Sylvan J. Muldoon,[3] em seu interessante livro sobre projeção astral, ensina que podemos imaginar um sonho e mandarmos o inconsciente sonhá-lo, e que esta é uma das formas mais agradáveis de se conseguir a projeção astral. Diz ele: "Imaginai-vos feito um vapor, saindo por todos os poros do corpo. O vapor se condensa acima do corpo e vai formando uma cópia dele. Então é levado pelo ar". Ou então: "Subir uma escada é outro bom exercício para ser construído mentalmente. Assim como subir por uma corda. O autor obteve projeções em conseqüência de sonhos de estar subindo uma escada".

Moshe Feldenkrais,[9] embora não fale diretamente sobre imagens, considera o conceito de "formas de pensamento" como imagens interiores que fazemos de nós mesmos e do nosso futuro e que nos guiam em direção a um crescimento, ou nos limitam, gerando "cercas" interiores. Diz ele: "O aspecto negativo de aprender para alcançar objetivos é que tendemos a parar quando conseguimos suficiente habilidade para atingir nosso objetivo imediato. Assim, por exemplo, nós melhoramos nossa fala até que consigamos ser entendidos. Mas qualquer pessoa que deseje falar com a clareza de um ator, descobre que deve estudar por muitos anos para conseguir alguma coisa próxima de seu potencial máximo nessa direção".

Alguém que cresce dentro de uma família com mentalidade empreendedora, tende a internalizar uma imagem de aprovação a essa atitude à qual provavelmente tentará corresponder por toda a vida. Tem um lastro emocional interior de aprovação em relação a se arriscar para atingir objetivos, em relação à liberdade e autonomia. Toda vez que se lançar em alguma empreitada, mas não for bem-sucedido, não desanimará, pois guarda no inconsciente uma imagem de aprovação que estará lhe dizendo alguma como: "Muito bem, você tentou; tente mais uma vez, assim é que se faz".

Uma outra pessoa que cresceu em uma família com medo do risco e da liberdade provavelmente terá uma imagem à qual sempre tentará de alguma forma corresponder, possivelmente de reprovação com relação a essas atitudes. Tenderá a se apoiar emocionalmente num lastro interior de reprovação em relação a se arriscar para conseguir coisas, e em relação à liberdade. Toda vez que pensar em se lançar em alguma empreitada, provavelmente sofrerá a ação de uma tremenda resistência interior, porque guarda no inconsciente uma imagem de reprovação em relação àquela atitude que estará dizendo "não vá, que você vai se dar mal, não gosto do que você está fazendo".

Normalmente, esse lastro interno vem dos pais ou de pessoas importantes para nós na nossa infância, a partir das quais organizamos a nossa estrutura interior de valores e crenças. Às vezes, executivos e profissionais liberais, embora talentosos, conduzem a sua carreira com grande esforço emocional e uma sensação indefinida de culpa, de não estar agradando. São pessoas empreendedoras por natureza, que possuem forte impulso em direção à realização pessoal, mas que estão sempre lutando com aquela vozinha interna que diz: "não vá, você vai se dar mal, isso não é certo". Em função do medo inconsciente de perder a aprovação dos pais ou das pessoas que as criaram, limitam o seu próprio desenvolvimento para, sempre inconscientemente, não perder o afeto deles e das pessoas do ambiente onde foram criadas, mesmo que já tenham se desligado deles e tenham uma vida independente.

Do mesmo modo se formam os preconceitos, e as pessoas se autolimitam ao famoso 5% da sua capacidade potencial, para não serem desfeitos os laços afetivos não só com os pais, mas também com a sociedade na qual cresceram.

Na sua maioria, as pessoas tentam ser diferentes para serem notadas e admiradas, mas não tanto que cause rejeição. Procuram ser diferentes, mas adotando basicamente os mesmos valores e crenças do seu meio. Quando se tem outra escala de valores e crenças, e um impulso forte na direção deles, aí pode aparecer um grande conflito interior e, eventualmente, também exterior.

Ainda citando Feldenkrais:[9] "A complexidade da situação aparece em virtude da interdependência inerente entre o crescimento e o desenvolvimento do indivíduo e da economia da sociedade na qual ele cresce".

Tom Chung[10] diz assim: "Eu fico curioso em saber se você está familiarizado com cercas, especialmente as cercas eletrificadas usadas para conter os cavalos nos seus pastos. Essas cercas possuem um fino arame que os criadores colocam, e através dele passa uma pequena corrente elétrica. Não aquele tipo de eletricidade perigosa, é apenas um tipo que dá uma sacudida, como um pequeno choque de eletricidade estática que você obtém andando sobre um tapete, uma súbita, rápida faísca. Esses arames cercam todo o campo e, à medida que os cavalos andam de um lugar a outro, eles aprendem rapidamente aonde eles podem ir e aonde eles não podem se aventurar. Tudo o que é necessário são alguns contatos rápidos com o arame, algumas poucas e súbitas faíscas com estalidos, e então esses cavalos se tornam animais muito espertos. Eles aprendem a olhar mas não tocar, eles aprendem de fato tão bem que em pouco tempo o fazendeiro pode desligar a eletricidade ou substituir esses fios por estacas comuns. Depois dessa experiência os cavalos permanecerão afastados da cerca, cercados por nada mais, paralisados em seu caminho pelo seu próprio pensamento, pela sensação de que alguns lugares estão fora de seus limites, de que onde eles estão é seguro enquanto permanecerem ali, satisfeitos por estarem onde estão. Uma barreira invisível... criada pela própria mente. Mas, uma vez que um daqueles cavalos ultrapassar essa cerca invisível, então todos os outros irão segui-lo, e aquela barreira é rompida, sem mais restrições para onde eles querem ir em seguida". E assim é conosco também: quando a cerca invisível criada pelos condicionamentos for abarcada pela consciência e compreendida, caminharemos para a liberdade interior.

A todo distúrbio corresponde uma imagem interior que pode ser neutralizada ou pelo menos enfraquecida. O inconsciente não funciona dentro de um pensamento lógico-linear, mas por imagens. No trabalho com imagens, transcendemos os conceitos racionais de tempo e espaço, aprendemos que a chamada fantasia pode ser manuseada e utilizada com fins específicos, e alcançamos a capacidade de atuar sobre os fatos de nossa vida, numa escala inimaginável para a pessoa comum. No mundo das imagens a liberdade é total, basta imaginar para as coisas começarem a acontecer. Cura-se imaginando a cura, recria-se a realidade.

Gerald Epstein[11] afirma no seu livro *Imagens que Curam*, na verdade um livro sobre autocura: "Imaginar, construir imagens, é um processo simples. Significa encontrar, descobrir ou criar uma figura mental, uma forma mental. Essa forma imaginada – mas ainda assim real – tem todas as características de qualquer evento, coisa ou situação que possamos ver acordados, na realidade cotidiana. A única diferença é que, ao contrário de objetos percebidos quando estamos acordados, eles não têm volume nem massa. Em resumo, não têm substância, mas possuem energia. Podemos pensar nessas imagens como sendo nossas crias mentais. Nós as criamos para que ajam a nosso favor como agentes de cura; e então, com a energia que possuem, elas continuam, agora sozinhas, a estimular o processo de cura. Ao descobrir ou criar estas imagens, nós nos engajamos em um importante processo. As imagens são tão reais quanto nossas emoções e tão significativas quanto nossos sonhos noturnos. Obviamente, criamos uma realidade subjetiva – mas que é, de qualquer maneira, uma realidade – com o poder de afetar nossos corpos e nos contar um pouco mais sobre quem somos".

A Cura por Imagens

Como a toda disfunção orgânica corresponde uma imagem interior, através da alteração das imagens interiores podemos conseguir alterações fisiológicas determinadas. Esse é um conhecimento ancestral; o uso de imagens na cura de distúrbios perde-se no tempo.

Podemos associar de maneira proveitosa a Cura Prânica com a Cura por Imagens. Através do uso apropriado das técnicas de energização e limpeza utilizadas na Cura Prânica, emergem mais facilmente do inconsciente do paciente os conteúdos emocionais desestabilizadores, que podem então ser trabalhados por imagens, ou de outras formas.

Podemos mentalizar um estado de saúde não só para nós mesmos, mas também para o outro. É com base nesse fenômeno que são realizadas as chamadas "cirurgias espirituais sem incisão". Da mesma forma, podemos interferir nas chamadas "formas de pensamento" negativas que prendem um doente às suas disfunções ou doenças, e introduzir formas de pensamento positivas que lhe darão forças para lutar, sem a utilização da sugestão verbal.

Para nos acalmar, por exemplo, pode funcionar mais nos sentarmos na poltrona de casa nos imaginando na praia, tomando água de coco, em paz, sentindo a brisa do mar acariciando a pele, do que ir para a praia de fato e ficar ali remoendo os problemas do dia-a-dia. A atitude interior é muito importante tanto nos processos de cura como nos da nossa vida. A predisposição interna é fundamental. A modificação da disposição interior é um efeito de importância primordial do trabalho com imagens. Nesse sentido, foram feitos vários experimentos com atletas em diversas partes do mundo, orientando-os a imaginar os gestos certos nos pontos de seu desempenho em que havia dificuldade; por exemplo, saltos de defesa na rede, no vôlei, ou saltos ornamentais perfeitos, e assim por diante, com a comprovação de bons resultados.

Gerald Epstein[11] descreve um experimento interessante: "Há pouco tempo fizeram um trabalho de pesquisa, em um hospital canadense, dividindo os pacientes que se recuperavam de ataques cardíacos em dois grupos. Um dos grupos recebeu um programa típico de exercícios físicos e, ao outro grupo, pediu-se que o mesmo programa fosse executado somente através de imagens. Quando os índices de recuperação dos dois grupos foram comparados, descobriu-se que o grupo que trabalhou com imagens havia se recuperado bem mais rapidamente."

Os princípios da Cura por Imagens podem ser usados de muitas maneiras; para melhorar o sono, por exemplo. Queixas de insônia são bastante freqüentes e um artifício que pode ajudar a contornar esse problema é, ao irmos dormir, separar o dia, com seus problemas e necessidades, da noite. Para isso, mentalizamos que o quarto é lugar de descanso e lazer. Determinamos assim o espaço. E determinamos o tempo. Das 23 horas, por exemplo, até as 7 horas da manhã do dia seguinte os problemas esperarão por solução. Nos visualizamos então, nesse período, dormindo calmamente e tendo sonhos bons, e depois acordando revigorados. Isso feito regularmente cria um condicionamento interior eficiente.

O nosso organismo tem uma propensão enorme para a saúde, basta lhe darmos uma chance. Ao imaginarmos um órgão interno do nosso corpo, que esteja doente, tornando-se saudável, enfraquecemos com isso alguma imagem interna que produz a doença.

Utilizando técnicas adequadas, podemos produzir uma imagem interna de saúde, com conseqüentes modificações orgânicas favoráveis, mesmo em casos graves. Ilustrativo disso é o conhecido fenômeno de fabricação e remoção, por vezes instantânea, de verrugas e queimaduras pela força do pensamento sob hipnose.

A Cura por Imagens ajuda a mostrar que a responsabilidade por nossa saúde é de cada um de nós, fato que muitos se recusam a admitir. O paciente típico ocidental consumista quer chegar ao consultório e comprar a sua saúde, freqüentemente resistindo a reconhecer a sua parcela de responsabilidade pelo estado em que se encontra.

O fato de o ser humano possuir o dom do pensamento o coloca em um movimento intenso e constante de mudança. Crescimento e amadurecimento emocional, crises e calmarias às quais se seguirão novas crises e calmarias são um quadro inerente ao fato de sermos humanos, num processo infinito, pois essa é nossa característica intrínseca, derivada do fato de pensarmos.

Devemos compreender os processos energéticos e psicológicos envolvidos nos traumas, para que estes sejam reduzidos. O primeiro passo para a autocura é a informação sobre esses processos, mesmo que seja apenas uma informação básica.

Hologramas e imagens

Quem não é sensitivo, mas já viu uma imagem holográfica pairando no ar, tem uma idéia aproximada daquilo que os clarividentes vêem. Não existe ainda uma comprovação científica, mas parece que o cérebro funciona holograficamente, o que explicaria a sua imensa capacidade de armazenamento de informações. Considerando a semelhança entre a fotografia holográfica e as formas de pensamento quando vistas clarividentemente, parece que é assim mesmo.

No campo do inconsciente e além dele está a superinteligência, da qual conhecemos muito pouco. Essa superinteligência sabe tudo a nosso respeito, principalmente na forma de imagens, e essas são informações que os sensitivos captam. Se você for a um vidente e propositalmente mantiver o seu pensamento fixo, repetindo mentalmente um nome que não é o seu, por exemplo, "sou Josué Leopoldo", isso criará para ele uma dificuldade na captação de informações a seu respeito, pois os clarividentes captam o nosso passado e o nosso futuro a partir de nós mesmos.

Existem maneiras simples de desenvolver pelo menos alguns aspectos da superinteligência. Por exemplo, podemos nos treinar a adivinhar quantas bolinhas de gude há dentro de um saco, sem contá-las. Há pessoas capazes de adivinhar com precisão quantidades de até milhares de bolinhas. É possível também desenvolver a capacidade de adivinhar conteúdos guardados em gavetas fechadas e assim por diante.

O estudo dos hologramas desenvolvido pela física quântica e os atributos da chamada superinteligência são um assunto fascinante que muito nos esclarece a respeito dos fenômenos dentro do campo da paranormalidade. Considerando então que o cérebro funciona holograficamente, e considerando a imensa capacidade de percepção da superinteligência, tudo o que pensamos, episódios marcantes da nossa vida, planos para o futuro etc., permanece girando na forma de imagens ao redor do nosso corpo. É isso que em geral os sensitivos vêem ou intuem.

O funcionamento do inconsciente não é linear, mas consiste, principalmente, em imagens holográficas, semelhantes ao sonho, que também é uma manifestação de conteúdos inconscientes. Como cada parte de um holograma reproduz o todo, através de uma imagem holográfica ou forma-pensamento alguns clarividentes conseguem captar as informações da superinteligência, guardadas no inconsciente, podendo assim ver para a frente e para trás na vida de uma pessoa.

Existem hoje evidências a favor do funcionamento holográfico do cérebro. Barbara Ann Brennan[12] diz: "O Dr. Karl Pribram, renomado investigador do cérebro, durante um decênio acumulou provas de que a estrutura profunda do cérebro é essencialmente holográfica. Afirma ele que a pesquisa de muitos laboratórios, por meio de análises sofisticadas de freqüências temporais e/ou espaciais, demonstra que o cérebro estrutura a visão, a audição, o paladar, o olfato e o tato holograficamente. A informação é distribuída por todo o sistema, de sorte que cada fragmento produz a informação do conjunto. O dr. Pribram utiliza o modelo do holograma para descrever não somente o cérebro, mas o universo também. Diz ele que o cérebro emprega um processo holográfico para absorver um domínio holográfico que transcende o tempo e o espaço. Os parapsicólogos têm procurado a energia capaz de transmitir a telepatia, a psicocinese e a cura. Do ponto de vista do universo holográfico, esses eventos emergem de freqüências que transcendem o tempo e o espaço; não precisam ser transmitidos. Potencialmente simultâneos, estão em toda parte".

Ainda citando Barbara Ann Brennan: "Da estrutura holográfica da realidade cada pedaço de aura não somente representa, mas também contém o todo. Assim sendo, só podemos descrever nossa experiência como um fenômeno que, ao mesmo tempo, observamos e criamos. Cada observação cria um efeito no modelo observado. Não somos apenas parte do modelo; somos o modelo. Ele é nós e nós somos ele, só que o termo 'ele' agora precisa ser abandonado e substituído por outro, mais apropriado, para soltar os bloqueios que experimentamos no cérebro quando tentamos nos comunicar".

Acredito que a maior parte dos terapeutas-curadores já teve em algum momento a sensação de que a cura se processa em uma dimensão onde o tempo e o espaço são de alguma forma diferentes. Muitos curadores descrevem curas instantâneas e curas que aconteceram antes mesmo de o paciente começar a ser trabalhado. Em experimentos controlados de cura à distância realizados na então União Soviética, esses fenômenos também foram constatados.

A imagem holográfica, ou forma-pensamento, é o próprio pensamento na forma de imagens, é a expressão mais pura do inconsciente, seus desejos, medos e convicções. Essas formas-pensamento podem ser trabalhadas diretamente, no sentido de melhorar a saúde ou as perspectivas de vida de uma pessoa.

Uma vez, atendi um senhor que ia um tanto mal de saúde e, deprimido, alimentava desejos de morrer. Apareciam girando em torno dele formas de pensamento mostrando-o em seu próprio funeral, porém, paradoxalmente, ainda vivo. É que ele alimentava também desejos de viver. Alternando-se com as imagens fúnebres, apareciam outras dele, feliz em sua fazenda, com seus cavalos e o cachorro predileto ao seu lado.

Com um trabalho de limpeza e energização combinado com um trabalho com imagens e de esclarecimento dele e da família, foi possível neutralizar as imagens negativas e reforçar as positivas, contribuindo assim de maneira significativa para a sua melhora. Com a limpeza veio uma sensação inicial de alívio pela liberação de pontos de congestão. As imagens negativas foram enfraquecidas com projeção mental de luz sobre elas (porque toda doença se apresenta no inconsciente como "sombra", "sujeira" ou algo semelhante), depois retiradas e "jogadas fora". Com a energização melhorou o nível da sua energia vital. Finalmente, foram reforçadas no seu inconsciente as imagens positivas.

É possível neutralizar uma imagem negativa sem utilizar técnicas de energização e limpeza, mas apenas introduzindo uma imagem positiva que, em si, já contém uma energia de cura. Gerald Loe[13] descreve bem esse processo: "E o que acontece quando um sensitivo põe as mãos sobre uma ferida ou faz uma oração para ajudar? Ele passa uma energia suplementar para o paciente e produz uma imagem mental de saúde, visualizando-o curado. Ao projetar esse padrão de pensamento sobre o padrão físico do doente, o sensitivo pensa: 'Que isto se torne realidade!'

e isto é dito interiormente, com a convicção de que o novo padrão será aceito. O tempo necessário para se chegar à cura vai depender de inúmeros fatores, tais como a vontade do paciente de mudar a atitude mental que trouxe originariamente a doença, sentimentos de culpa, necessidade neurótica de sofrimento, e toda a estrutura da crença do indivíduo afetado". É um formato básico de cura adotado por muitos curadores, onde quase sempre é promovida a movimentação da energia vital apoiada por visualizações.

A energização a serviço da Cura por Imagens

Quando um curador estimula o seu paciente energeticamente, a energia terá dificuldade para passar onde há bloqueios. A todo bloqueio energético corresponde uma imagem, que muitas vezes aparece (é isso que os clarividentes vêem) na forma de uma intuição para o paciente, para o terapeuta-curador ou para os dois. Podem vir na forma de "flashes" que duram frações de segundo, ou às vezes de maneira nítida e persistente.

Além das ondas eletromagnéticas, registradas em eletroencefalogramas, parece que o cérebro emite outras ondas também, ainda não detectadas por aparelhos. Esses impulsos são enviados pelo cérebro ininterruptamente, ou seja, uma lembrança correspondente a um trauma é constantemente relembrada, no nível inconsciente, o que faz com que se forme uma imagem holográfica, correspondente ao trauma (todo trauma, mesmo que o processo traumático tenha durado anos, em geral é representado por uma imagem ou uma pequena seqüência de imagens). São as "formas-pensamento", que produzem os assim chamados elementais e outras formas humanóides ou não, que são alimentadas pelo pensamento-emoção, e que o retroalimentam. Essas formas podem adquirir vida própria à custa da energia psíquica do doente.

Quando energizamos o paciente, essas formas-pensamento tendem a vir à superfície podendo ser assim enfraquecidas. No inconsciente, saúde corresponde a luz, leveza, paz, harmonia, limpeza e assim por diante.

Assim como na vida real, quando jogamos luz sobre um objeto e isso gera sombras, os bloqueios energéticos correspondentes a imagens são realçados, e como que empurrados, resistindo a serem desalojados. Nesse processo, freqüentemente aparece a emoção associada ao bloqueio. Pode aparecer também a própria imagem ou forma-pensamento.

Em alguns casos, o simples mas contínuo trabalho de limpeza e energização é suficiente para dissolver a forma-pensamento e reconduzir o doente ao equilíbrio. Outras vezes é necessário um trabalho mais complexo, que pode consistir na retirada das imagens alojadas, ou ainda pode ser necessário promover um contato real, "afetivo", com o problema-imagem em questão, para que possa ser elaborado e superado. O curador pode recomendar então a ajuda de um psicoterapeuta.

Sacos de areia

A cada sentimento, a cada emoção corresponde uma imagem, que é a expressão de uma realidade subjetiva, como mostra o caso a seguir, de uma senhora que chegou ao consultório reclamando de uma persistente tensão nos ombros.

Quando perguntei como era essa tensão, respondeu que sentia como se tivesse um peso muito grande sobre os ombros. Depois de um breve relaxamento, associou esse peso a uma imagem de sacos de areia sobre os seus ombros, que puderam então ser "retirados", com o desaparecimento da sensação desagradável.

Para retirar aquela sensação de sacos de areia, procedi da seguinte maneira: pedi que ela se sentasse numa cadeira e fechasse os olhos. Colocando-me em pé atrás dela, fechei os olhos e a energizei levemente com verde, porque assim podemos sentir melhor a tensão no outro, e abri minha mente para a idéia fantasiosa que me ocorresse para ajudar com aquele problema.

Ocorreu-me então a imagem de dois grandes guindastes amarelos, velhos, com a pintura gasta, rangentes e soltando muita fumaça. Achei curioso a imagem vir desse jeito e de não aparecerem, por exemplo, guindastes novos, mas é preciso respeitar a imagem de cura que aparece, caso contrário o trabalho pode não funcionar.

Sem comentar nada com a paciente, retirei com cada guindaste um saco de areia de cada ombro. Pedi mentalmente aos guindastes para levar os sacos para o espaço cósmico. Embora diminuída, a sensação de peso prosseguia. Pedi aos guindastes para voltarem e foram retirados mais dois sacos de areia, um de cada ombro, devidamente mandados em seguida para o espaço cósmico. Como a sensação de peso persistia, pedi que os dois guindastes voltassem, e foram retirados mais dois sacos. Ainda assim não foi suficiente e precisei pedir aos guindastes que voltassem outra vez. Foram retirados mais dois sacos de areia, um de cada ombro.

Como se pode perceber, a paciente estava bastante tensa. Foram retirados quatro sacos de areia de cada ombro. Perguntei então como estava se sentindo e ela disse que agora estava bem. Comentou ainda a curiosa sensação de que o peso dos seus ombros havia saído em quatro etapas.

Depressão

Certa vez atendi um senhor que vinha se sentindo deprimido fazia alguns meses. Existiam no seu inconsciente imagens que revelavam um desejo de morrer, mas apareciam também imagens de alegria de viver.

Foi feito então um trabalho de energização associado a imagens para limpar e refinar a sua energia, retirar as imagens depressivas e reforçar as positivas, em seu inconsciente. Com isso reverteu-se o quadro depressivo rapidamente.

Nesse caso, o paciente, de 67 anos, havia fraturado a cabeça do fêmur. Fora internado para o devido tratamento, mas, depois de 9 meses de internação, a fratura ainda não estava consolidada; esse senhor também havia passado por episódios de insuficiência renal. Vinha apresentando ainda infecção no local da fratura, rebelde aos tratamentos convencionais. Foi feita uma cirurgia para limpeza da região infectada. O paciente continuava deprimido e seu estado era preocupante. As previsões dos médicos não eram as mais otimistas.

Fui chamado ao hospital. Comecei o tratamento fazendo uma grande limpeza geral na sua aura, alternada com limpezas localizadas no fêmur e no centro solar, principalmente. Usei muito o verde e o violeta. As limpezas foram alternadas com energizações com violeta, acompanhadas do desejo de que o paciente ficasse forte e melhorasse o seu equilíbrio emocional. Introduzi mentalmente no seu inconsciente, enquanto limpava e energizava, mensagens otimistas do tipo "você é muito novo, tem muita vida pela frente, saia daí e vá fazer as coisas de que gosta, não faça papel ridículo". Ao mesmo tempo, o visualizava ficando mais forte, respirando melhor, levantando-se, andando pelo quarto do hospital, vestindo-se, indo para a sua casa e voltando a ter uma vida normal.

Como era um caso difícil, o paciente foi trabalhado 3 vezes por dia nos 4 primeiros dias, uma vez pessoalmente e duas à distância. No quinto dia, ele começou a apresentar sinais de melhora, o que continuou acontecendo nos dias seguintes. Parei de trabalhá-lo à distância, mas continuei o trabalho diário pessoalmente. No décimo sexto dia de trabalho ele teve alta e voltou para casa.

Neste caso, a Cura Energética em combinação com a Cura por Imagens produziu resultados gratificantes. É importante citar que enquanto eu o energizava, tentava captar mentalmente as imagens que iam pelo seu inconsciente. Três apareciam, principalmente: a clássica imagem da morte com a foice, uma lápide onde o paciente aparecia deitado, e a imagem de um lugar muito bonito, com vegetação e céu azul.

A energização torna mais nítidas as imagens presentes no inconsciente, por vezes só para o curador, às vezes só para o paciente, às vezes para os dois. Nesse caso, como as imagens percebidas eram pesadas, eu não comentava com o cliente. Como eu captava também a imagem de um lugar bonito, sabia que havia esperanças. Suas imagens revelavam um cansaço que levava ao desejo de morrer, mas havia também o desejo de viver.

Com a energização e limpeza eu tentava apagar as imagens negativas e, através da sugestão mental, procurava substituí-las por imagens positivas, mas indo ao encontro de seus desejos. Não adianta visualizar na mais bela montanha quem quer ir para a praia.

O caso da moça que chorava

Uma vez veio ao consultório uma moça que chorava demais. Ela era uma competente e bonita executiva de uma grande empresa, que desenvolvia a sua carreira com muita dificuldade por causa de sua instabilidade emocional ao participar de reuniões e para suportar as tensões normais do dia-a-dia. Devido à sua insegurança, Laura conseguia dirigir o seu carro apenas em lugares próximos e familiares para ela. Alimentava também um sentimento de não ser respeitada em suas opiniões.

Comecei a sessão conversando com ela, procurando tranqüilizá-la e tentando conquistar um pouco da sua confiança. Ao ser energizada com verde-esbranquiçado começou imediatamente a chorar. Fiz então uma limpeza geral, dando atenção especial aos chakras solar e cardíaco para equilibrá-la e finalizar essa primeira sessão.

Laura voltou para uma nova consulta e, assim que comecei a energizar os seus chakras solar e cardíaco, ela começou o choro compulsivo. Perguntei então onde sentia que estava, emocionalmente. Ela disse: "Tenho sete anos de idade, meus pais saíram para trabalhar e me deixaram sozinha em casa. Estou com medo e também achando que eles não ligam para mim, especialmente o meu pai". Continuando a energização e mantendo a paciente de olhos fechados, pedi que vivenciasse a chegada do seu pai em casa nesse dia, que foi mais ou menos assim:

Sílvio: — Você ouve o seu pai abrir a porta?
Laura: — Sim.
Sílvio: — O que acontece?
Laura: — Estou brincando; ele vem até mim e me olha.

Sílvio: — Diga a ele que você tem medo de ficar em casa sozinha.

Laura: — Eu digo, mas ele parece não se incomodar.

Sílvio: — O que você acha que acontece?

Laura: — Agora me lembro, uma vez ele me disse que criança só se beija dormindo.

Pode-se concluir que ele era um pai severo, que gostava dos seus filhos, mas evitava dar-lhes o que considerava atenção excessiva para que não crescessem com caráter fraco. Pedi então a Laura que, imaginariamente, fosse deitar na sua cama e fingisse dormir, e depois novamente imaginasse o pai chegando em casa. Ela assim o fez.

Sílvio: — Você ouve o seu pai chegar em casa?

Laura: — Sim.

Sílvio: — Ele está subindo as escadas?

Laura: — Sim.

Sílvio: — Ele está dando um beijo de boa-noite em você?

Laura: — Sim.

Sílvio: — Você sente afeto?

Laura: — Sim, muito.

Sílvio: — Sente que ele se preocupa com você?

Laura: — Sim.

Com a energização, desencadeou-se um processo de regressão a uma infância carente e traumática. Nessa regressão, acabaram sendo resolvidos dois grandes problemas na sua vida. Um, o afeto em relação ao seu pai, e outro, o de não se sentir respeitada nas suas opiniões. No dia seguinte a essa sessão, ela conseguiu viajar sozinha, dirigindo seu carro. Em nosso último contato, um ano depois, continuava muito bem.

A forma-pensamento nociva alojada no seu inconsciente era da sua casa, na época em que tinha sete anos de idade. Há vários tipos de formas-pensamento. Esse se apresentava como um lugar e uma situação, em uma determinada época da vida.

Laura, uma mulher perto dos seus quarenta anos, de repente, em função de qualquer pequena pressão, era remetida emocionalmente aos sete anos de idade, na casa onde passara sua solitária infância, vivendo desde então a realidade presente misturada com a realidade emocional, pesada, daquela situação.

Tudo era inconsciente. Embora a qualquer momento ela pudesse lembrar-se da infância, do pai severo, do medo de ficar sozinha na casa, não fazia contato emocional com esses fatos e por isso não conseguia integrá-los à sua personalidade adulta. Até aquele momento, ela não tinha a menor idéia do que a desestabilizava. Estava carregando aquele problema há 33 anos.

A criança trancada

Seguindo mais ou menos o mesmo procedimento, atendi Neide que, ao ser energizada, viu-se em um buraco escuro. Com o prosseguimento da energização, foram aparecendo objetos, até que ela se viu em seu quarto de infância.

O que acontecia é que a sua madrasta a deixava ali trancada a chave durante horas, quase todos os dias, o que foi muito traumatizante. Procurei equilibrá-la da melhor maneira possível e sugeri que fizesse psicoterapia para resolver definitivamente o problema.

O bebê com frio

Outro caso nessa mesma linha foi o de uma senhora que, ao ser energizada nos seus chakras solar e cardíaco, começou a sentir frio. Com a continuação da energização, a imagem foi ficando mais nítida e ela se viu ainda bebê, sozinha e sem roupas, em um cestinho de vime. Sem saber o que ia acontecer, continuei energizando durante mais algum tempo até que ela viu a sua babá aparecer e vesti-la.

O vestido de babadinhos

Fazíamos sessões de cura há algumas semanas e Celeste insistia em me dizer que não tinha problemas com a sua mãe. No entanto, eu achava que entender pelo menos um pouco esse seu relacionamento era essencial para melhorar alguns de seus problemas emocionais.

Então eu lhe disse um dia, enquanto a energizava: "Celeste, estou vendo você em um quarto com três camas, pequena e assustada na frente de uma mulher que a está censurando por alguma coisa. Você está usando um vestido xadrez com babadinho". Sem pensar, ela me respondeu: "Eu detestava aqueles vestidinhos!"

Uma das utilidades do trabalho com imagens é acessar o inconsciente da pessoa, o que pode trazer a chave para a solução de muitos problemas de fundo emocional. No caso acima, pega de surpresa, a cliente não teve como esconder mais a verdade dela mesma e dos outros.

Acessar as imagens inconscientes é uma forma de ir diretamente a pontos que marcam de maneira significativa a vida emocional das pessoas, sem perder tempo com aqueles problemas secundários que eventualmente podem fazer com que processos psicoterapêuticos se estendam por anos a fio, sem chegar a uma conclusão.

O caso das agulhas no ombro

Ellen, uma elegante senhora de 50 anos, vinha há vários meses sentindo intensa dor no ombro direito, diagnosticada como bursite, que resistia a todos os tratamentos. A limpeza e a energização normalmente eficientes em casos de bursite não surtiram quase nenhum efeito.

Pedi então a ela que fechasse os olhos e tentasse associar aquela dor com algum objeto ou situação. Seria como se uma mão forte estivesse apertando o seu ombro? Uma argola de ferro? Haveria uma faca imaginária atravessando-o? Talvez um anzol?

No começo não aconteceu nada, mas de repente ela disse: "Agulha!" "Vi" também a mesma imagem, e não era uma agulha só, mas sim quatro, cheias de linhas enroscadas nelas. Como se fossem reais, fui tirando as agulhas e linhas. À medida que "tirava", a dor diminuía.

Naquele primeiro momento a sua melhora não foi completa, porque aquela imagem era a representação inconsciente de uma tarefa que Dona Ellen não gostava de fazer, mas era obrigada. Sugeri que continuasse tratando aquele problema com psicoterapia.

Assim como podemos retirar, apagar ou enfraquecer imagens desestabilizadoras do inconsciente dos nossos pacientes, podemos também introduzir imagens fortalecedoras e estabilizadoras, para ajudar a harmonizar sua energia vital e melhorar sua disposição física e emocional.

Este fenômeno pertence ao campo da telepatia. A transmissão de pensamentos é um fenômeno conhecido e podemos utilizá-lo como recurso para ajudar na cura. Os pensamentos são transmitidos com mais eficiência quando acompanhados das imagens que lhes correspondem.

O caso do frio nos pés

Dona Leonor sentia um frio tão intenso nos pés, mesmo em dias quentes, que isso a impedia de levar uma vida normal. Muitas vezes não conseguia sequer sair de casa para cumprir as tarefas do dia-a-dia. Isso já vinha acontecendo há alguns anos.

Sentada à minha frente, pedi que fechasse os olhos e procurasse manter-se relaxada e tranqüila. Imaginei uma fogueira bem perto dos seus pés, que a aquecia e produzia em todo o seu corpo uma grande sensação de bem-estar. O frio nos pés permaneceu inalterado.

Mentalizei então que calçava meias de lã brancas com losangos vermelhos em seus pés. Ela começou a reagir dizendo que a sensação de frio havia diminuído um pouco. Coloquei outro par imaginário de lã sobre aquele, depois outro e mais outro, até ela dizer que estava bem, sentindo os seus pés normais.

Não tive mais contato com Dona Leonor depois daquela sessão e não sei se a melhora se manteve, mas esse caso nos mostra alguns fatos interessantes. O primeiro, sem dúvida, é o poder da mente para interferir no psiquismo do outro. Mostra-nos também que não é suficiente transmitir imagens de maneira aleatória, mas que elas devem ter ressonância com características e necessidades interiores do paciente, para serem efetivas.

Outro fator importante é que, quanto mais exata e rica em detalhes for a imagem transmitida, melhor o seu efeito. No entanto, mesmo imagens difusas e pouco nítidas podem fazer efeito, porque a intenção também é um componente importante. Com o desenvolvimento da capacidade de visualização, as curas vão se tornando melhores.

Pessoas que pensam e vêem a si próprias como fracas, vítimas de um destino difícil, doentes etc., formam imagens interiores que se projetam na sua aura e fazem com que os outros as vejam da forma que se imaginam. A forma como os outros as vêem alimenta o papel representado, dada a força das imagens exercida de fora para dentro, fechando-se assim um ciclo vicioso que pode ser difícil de romper.

Os pais contribuem muito para a imagem que os filhos fazem de si. Introduzir intencionalmente no inconsciente dos nossos filhos imagens de força, otimismo, segurança etc., ajuda no seu desenvolvimento e lhes dá força e disposição para enfrentar a vida. Quem tem um filho estudante pode experimentar, na época de provas, mentalizá-lo fazendo-as com calma e segurança. Ele não precisa saber que isso está sendo feito. As imagens projetadas no seu inconsciente terão um efeito positivo no seu desempenho.

Agora, quando um pai, ou mãe, considera o filho um incompetente, moleque, desleixado etc., ele tenderá a assumir essas características porque, conscientemente ou não, os filhos necessitam muito do afeto dos pais e estão sempre, de alguma forma, tentando garanti-lo para si e corresponder às suas expectativas, de uma forma reta ou torta.

Alguns casos de "trabalhos" de magia

Os trabalhos negativos de magia são também baseados no fenômeno telepático de transmissão de pensamentos e imagens. Sempre deve haver algum tipo de sintonia entre emissor e receptor, caso contrário a imagem não entra.

Lucas, de 30 anos, costumava vir de vez em quando ao consultório para sessões de limpeza e energização. Um dia apareceu dizendo estar se sentindo muito estranho e desconfortável.

Mentalizando luz sobre a sua aura, apareceram imagens de cordas em volta das suas pernas, uma vela ao seu lado e outros objetos típicos de trabalhos de "amarração". Deduzimos que foi feito por uma garota que estava apaixonada por ele e havia sido rejeitada. Depois de uma boa limpeza energética tudo voltou ao normal.

Dóris, empresária de uns 40 anos, carregou durante muito tempo uma sensação de arranhar na garganta que resistia a todos os tratamentos com remédios. Havia até sido feita uma cirurgia de investigação para verificar se não havia calos nas cordas vocais, mas nada fora descoberto.

Ao ser energizada, puderam ser vistas na sua aura imagens de agulhas espetadas em vários pontos do seu pescoço e garganta, e bolotas de algodão. Era um "trabalho" feito por um funcionário seu demitido, desses em que se costura a boca de um sapo, depois de enchê-la com bolotas de algodão. Em seguida são enfiadas agulhas na garganta do coitado do sapo. É uma espécie de vodu. Depois de mentalizar a retirada de cada agulha e bolota de algodão, e de projetar uma visão de seu pescoço e garganta normais, não houve mais nenhuma sensação de desconforto.

Fernando, empresário de 36 anos, tinha um pigarro na garganta, sem causa aparente, que não o deixava em paz. Nenhum tratamento tradicional havia funcionado até então. Comecei a energizá-lo e não vi nada, mas ele viu. Viu uma rosa, velas e uma tampa de refrigerante passarem voando na sua frente. Conversando, deduzimos que era um trabalho feito por um funcionário seu, na tentativa de aproximar-se para ganhar promoção.

Assim como neste caso, nem todos os trabalhos de magia são feitos com a intenção de prejudicar. Esse, como havia sido mal feito, acabou prejudicando.

Um problema que não era causado por um "trabalho", mas parecia

Dona Marlene, 67 anos, sofria de pressão alta, mas que nunca havia sido tão alta como na época em que veio ao consultório. Há nove meses, a sua pressão máxima chegava a 23, com facilidade. Estava cansada de procurar o pronto-socorro do seu bairro.

Nada havia que resolvesse ou pelo menos diminuísse o seu problema. Chegou ao consultório, trazida pela filha, muito vermelha e caminhando com dificuldade. Assim que me concentrei na sua aura, vi dona Marlene dentro de um caixão, com muitas rosas em torno do corpo. A imagem mostrava que estava viva dentro do caixão, mas com muita falta de ar, porque a tampa, que era de vidro, estava fechada.

Quando estimulamos energeticamente uma pessoa traumatizada é comum acontecer uma regressão ao momento traumático, mesmo quando não é vivenciado nitidamente. Quase sempre há imagens associadas a desequilíbrios energéticos.

Em geral, a simples limpeza e energização feita sistematicamente, uma ou duas vezes por semana, resolve o problema, sem que nem o curador nem o paciente visualizem nada. Se o curador, o paciente, ou os dois conseguem ver, ou intuir, as imagens associadas ao problema, melhor. Nem sempre vejo, mas no caso de dona Marlene vi aquelas imagens.

Quando a energizei e, no mesmo momento, perguntei quando aquele problema havia começado, ela imediatamente se lembrou. Disse que havia começado exatamente ao ganhar uma cesta de flores de uma vizinha invejosa, no dia do seu aniversário. Disse que no mesmo instante se sentiu mal e precisou ir para o seu quarto se deitar e descansar.

Provavelmente, o que aconteceu naquele momento foi o seguinte: a vizinha invejosa comprou as flores com a intenção de se redimir e mudar os próprios sentimentos em relação a dona Marlene, mas aconteceu que no instante em que a presenteava não resistiu e, ao invés de carinho e afeto, desejou a sua morte.

Esta captou inconscientemente o pensamento e o cestinho com flores se transformou num caixão onde ela ficou emocionalmente presa, passando a partir daí a experimentar forte sensação de claustrofobia e falta de ar, onde quer que estivesse, quase o tempo todo.

Sem nada dizer a ela, porque era uma pessoa muito impressionável, imaginei que quebrava o caixão e jogava os pedaços "fora". Conforme os pedaços eram descartados, ele ia se sentindo melhor, até que passou a se sentir perfeitamente bem. Ela nunca soube o que foi feito naquela sessão de cura, mas a sensação de sufocamento que a oprimia não mais voltou.

Em casos assim, na verdade, a pessoa atingida de alguma forma dá abertura para que isso aconteça, alimentando pensamentos e emoções de medo, insegurança, pena, raiva, culpa ou outros. Quando mantemos os nossos pensamentos elevados e as emoções inferiores sob controle é difícil sermos atingidos dessa maneira.

As chamadas cirurgias espirituais sem incisão baseiam-se no conceito de que o pensamento interfere na energia e a energia interfere na matéria. Em essência, nada mais são do que trabalhos com imagens. Em princípio, qualquer pessoa pode desenvolver essa capacidade.

O caso do menisco lesionado

Até certo ponto, parece ser possível recompor a matéria. É a chamada ectoplasmia. Lesões pequenas e localizadas em geral podem ser recuperadas com relativa facilidade. Nunca é demais lembrar que em rupturas internas de tecidos e em casos em que haja risco de vida, é imprescindível o acompanhamento médico.

Marly, advogada de 35 anos, veio ao consultório andando com dificuldade, porque sentia muita dor no joelho esquerdo. O diagnóstico era de inflamação crônica do menisco com indicação cirúrgica.

Mentalizei que abria o seu joelho e o reconstituía. Imaginei-o perfeitamente saudável, fiz uma sutura imaginária e pedi a Marly para andar. Ela então andou, perfeitamente bem naquele momento e, contrariando minhas recomendações de repouso, andou o resto do dia, resolvendo assuntos de trabalho. Mesmo assim, o seu joelho ficou perfeito e mais de um ano depois a cura se mantinha.

O caso do gatinho doente

Este não é um caso de cirurgia espiritual, mas semelhante. Em um dos meus cursos de fim de semana, num sábado, uma aluna me procurou para saber o que podia ser feito pelo seu gatinho novo que havia contraído uma infecção gastrintestinal. Há dois dias ele não se alimentava, não aceitava o remédio receitado pelo veterinário e estava cada vez mais fraco.

Sugeri que ela pegasse o remédio, o olhasse bem, pingasse uma gota no próprio dedo sentindo sua textura e cheiro, depois o guardasse e então desse o remédio para o gato, mas só imaginariamente. Coincidência ou não, no domingo ela chegou para o curso dizendo que o gatinho havia voltado a se alimentar depois de tomar o remédio imaginário e estava em plena recuperação.

Este caso nos leva a pensar que um remédio funciona, mas é difícil saber até que ponto. Em experimentos controlados, os cientistas não conseguem estabelecer uma diferença precisa entre o efeito de um placebo e o efeito de uma medicação real. No entanto, o que se percebe claramente é que a intenção ou energia mental com que um médico receita um medicamento, e a confiança com que o doente o recebe, exerce uma influência decisiva. Este caso é ainda interessante por se tratar da cura imaginária, não de uma pessoa, mas de um gato, evidentemente alheio ao que estava sendo feito com ele.

Existe inclusive a cirurgia placebo, quando o médico, não sabendo o que o doente tem, diz que só com uma cirurgia o seu caso poderá ser resolvido. Apenas abre e depois fecha o doente que, muitas vezes, fica "curado". Na tentativa de dar alguma explicação a esses fenômenos, podemos simplificar dizendo que a "sugestão mental" determina a cura em casos assim, mas é bom não esquecer que a sugestão é um fenômeno muito complexo.

Às vezes, durante a energização, ocorre uma regressão a um momento traumático de outra vida, em geral uma vida anterior. Ninguém até hoje conseguiu comprovar a ocorrência de outras vidas, mas quando trabalhamos com cura, muitas vezes deparamos com registros psíquicos com força de memórias reais. Regressões ao passado podem ser de alguns dias, semanas, meses, anos ou vidas passadas, acontecidas em séculos e lugares longínquos e desconhecidos.

Um trauma da Idade Média

Adriana sentia-se sempre insegura. Logo no início da nossa sessão, pôde ser vista uma imagem superposta à sua, de uma moça dentro de uma armadura medieval. Por baixo da armadura ela vestia um vestido azul-claro, também de características medievais. Na imagem, ela estava gravemente ferida.

Normalmente, elimina-se uma memória traumática colocando o paciente em contato emocional com aquele registro psíquico e integrando-o ao conjunto da sua personalidade. O procedimento psicoterapêutico é basicamente o mesmo de uma sessão em que se lida com eventos da vida cotidiana e o terapeuta-curador deve sempre procurar atuar em conjunto com psicólogos ou psiquiatras.

Eu sou "eu"

Lúcio era um jovem pintor talentoso, com 35 anos de idade, que desde a sua adolescência bebia muito. Além disso, todas as vezes que a sua carreira artística começava a deslanchar rumo à realização, ele entrava em depressão e compulsivamente passava a desmanchar tudo que havia construído, negligenciando compromissos e esbanjando dinheiro com roupas caras, objetos desnecessários e viagens, até o último centavo (quando sua conta bancária era encerrada pelo banco). Seguia endividando-se quase ao ponto de não conseguir mais trabalhar por falta de qualquer estrutura. Quando a situação ficava bem ruim, ele começava a reconstruir tudo, só para desmanchar novamente um pouco mais adiante o que havia feito. Isso aconteceu durante quinze anos seguidos e ele, naturalmente muito angustiado, queria romper esse ciclo vicioso. Para isso me procurou.

Assim que acabou de me contar a sua história, comecei a energizar os seus chakras solar e cardíaco. Tive então a impressão de ver a cabeça de um idoso sobrepondo-se à dele. Falei da minha visão para Lúcio. Como resposta, ele me disse que via um letreiro suspenso no ar, bem na sua frente, no qual estava escrito em letras bem grandes e maiúsculas "EU NÃO SOU EU". Perguntei se aquilo não tinha a ver com o seu pai. Lúcio teve então uma forte reação emocional e chorou bastante. Quando parou de chorar, disse que agora via um letreiro onde estava escrito "EU SOU EU".

O que acontecia era o seguinte. Quando tinha mais ou menos 15 anos, o seu pai começou a beber. Empresário de sucesso até então, acabou perdendo tudo o que tinha e afastou-se da família. Lúcio ressentia-se muito do afastamento do pai e inconscientemente reproduzia a sua conduta numa tentativa de resgatar o seu afeto, enquanto ao mesmo tempo sentia pelo pai uma rejeição muito forte e reprovava a sua conduta, sem perceber que o imitava, até o momento em que viu o letreiro durante a nossa sessão.

Numa única sessão, Lúcio readquiriu o seu equilíbrio emocional. Em apenas dois meses estabilizou-se financeiramente em um padrão material elevado e até hoje continua indo muito bem na sua carreira. É claro que nem todos os pacientes melhoram assim tão rápido e muitos precisam de apoio psicoterapêutico para que a cura se consolide.

O desabafo

Jean era um executivo francês de 40 anos, que morava e trabalhava no Brasil há algum tempo. Tinha uma grande instabilidade emocional e dificuldades nos relacionamentos. Durante a energização, tive a impressão de que ele tinha algum problema com o seu pai, impressão que foi confirmada.

Pedi-lhe então que visualizasse o pai na sua frente e se harmonizasse mentalmente com ele, o que provocou um desabafo surpreendente. Eu soube então que o pai era uma figura bastante autoritária, que não permitia aos outros e nem a si próprio demonstrações de afeto. Sugeri a Jean que fizesse diariamente uma mentalização harmonizadora e procurasse ajuda psicoterapêutica.

Depois de algumas semanas, ele me telefonou dizendo que a sua vida tinha mudado significativamente e que tudo ia muito bem, tanto no trabalho como com a sua mulher e filhos.

Harmonização Energética

Conceitos básicos

Estar em harmonia com os outros e consigo mesmo é fundamental para um crescimento pessoal sem sofrimentos excessivos ou desnecessários, tanto internamente como nos relacionamentos.

Com um desejo de harmonia ancorando firmemente o nosso psiquismo, é possível fugirmos, em geral com facilidade, de padrões exageradamente competitivos e das pequenas e grandes lutas neuróticas por poder, características predominantes da nossa sociedade.

O chakra solar é o centro das emoções inferiores, e é nele que se encontram as características de competição típicas da maneira de ser das pessoas neste nosso tempo. Medo, ressentimento, raiva e assim por diante são qualidades de energias tipicamente associadas a ele. Essas emoções são inferiores e negativas, mas há emoções inferiores positivas também associadas a esse centro, tais como orgulho, ambição, vaidade e outras. Estas são emoções necessárias à sobrevivência do indivíduo e por isso existem em nós, mas o seu excesso leva a doenças e desequilíbrios. Embora necessárias, as emoções inferiores podem ser compreendidas e transcendidas.

Quando estamos presos a um determinado padrão de comportamento, sintonizamos com outras pessoas posicionadas em padrões semelhantes. Dessa forma, quando temos medo, atraímos para perto de nós pessoas não só medrosas, mas também raivosas, ressentidas ou inseguras, por exemplo. Tendemos sempre a sintonizar com pessoas possuidoras de padrões que vibram de maneira semelhante. Há uma tendência à interação. Quando nos ressentimos com alguém, por exemplo, vibramos esse sentimento a partir do nosso plexo solar. O chakra solar do outro, captando esse ressentimento, tende a vibrar em padrão semelhante. É criada assim uma espécie de ressonância entre os dois chakras e se fecham então ciclos viciosos de ódio, ressentimento, medo, raiva etc., entre as pessoas.

Tudo o que pensamos pode chegar ao inconsciente dos outros e vice-versa. Da mesma forma que a energia de cura chega e é capaz de alterar a saúde do paciente, o pensamento dirigido a uma pessoa carrega uma energia que é captada pelo outro, às vezes conscientemente, mas em geral inconscientemente.

É claro que o nosso organismo tem defesas naturais contra energias externas, porque se não fosse assim, nos desestabilizaríamos o tempo todo. Pensamentos negativos não nos perturbam, ou perturbam pouco, quando conhecemos os mecanismos de transmissão de energia pelo pensamento, os mecanismos de defesa e se mantivermos padrões elevados de pensamento.

Quando não correspondemos a um determinado padrão vibratório de pensamento vindo em nossa direção, ele fica sem alvo, sem receptor, e essa energia tende a não nos atingir, ou então atinge fracamente para logo desaparecer. Esse é um dos sentidos de "dar a outra face". Quando alguém emitir ódio em nossa direção, podemos vibrar de volta amor, aceitação ou compreensão, por exemplo. O amor é uma energia do chakra cardíaco, uma energia de vibração mais refinada do que as energias emanadas pelo plexo solar, e capaz de neutralizá-las com facilidade. Infelizmente, parece que a maioria das pessoas prefere viver em guerra constante com os outros e consigo mesmas.

O exercício da harmonização energética, explicado a seguir, pressupõe que desejemos, de maneira absoluta, estabelecer as bases da nossa vida a partir de uma harmonia total com tudo e com todos. Não adianta nada e é tempo perdido exercitarmos o pensamento de estar em harmonia com o mundo inteiro, menos com alguém que nos fez alguma coisa. Ou desejamos harmonia de maneira incondicional, ou não; não é possível o meio-termo.

Quem tiver paciência e perseverança para visualizar a sua própria harmonização e a dos seus relacionamentos por apenas 15 dias, durante cerca de 5 minutos de cada vez, poderá ter surpresas bastante agradáveis e, talvez, uma profunda mudança na sua maneira de viver.

A prática da harmonização energética

Coloque-se em posição relaxada, num ambiente o mais calmo e tranqüilo possível.

Procure visualizar-se em um lugar muito bonito e calmo na natureza. Pode ser no alto de uma montanha, em uma praia, num barco, à beira de um lago tranqüilo, deitado numa nuvem no meio do céu azul, ou o que quiser imaginar. Não é necessário que a visualização seja muito nítida para a prática dar certo.

Visualize-se em perfeita harmonia, saudável e bonito, cercado por uma aura clara de paz e alegria. E sorria, porque o sorriso estimula as terminações faciais do sistema nervoso parassimpático, favorecendo assim o relaxamento.

Sempre giram em nosso pensamento pessoas ou situações que nos preocupam. Deixe vir à sua consciência a primeira preocupação que esteja girando em seu pensamento. Em geral, logo aparece uma pessoa, amiga ou inimiga. Em vez de pessoas, pode aparecer como preocupação central uma situação, por exemplo, uma viagem de avião marcada para a próxima semana.

Imagine a primeira pessoa da sua preocupação, seja ela "amiga" ou "inimiga", cercada por uma aura de luz, paz e harmonia, e sorrindo. Dirija a ela mentalmente algumas palavras de conforto, de aconselhamento ou de desculpas, dependendo da situação.

Não é preciso modificar nossa opinião a respeito de alguém que nos incomoda, ou que aprovemos a sua maneira de ser porque, à medida que essa pessoa recebe de nós uma energia harmoniosa, tenderá a não nos incomodar, ou incomodar menos. Se ela for verdadeiramente má, com certeza essa energia neutralizará pelo menos um pouco a maldade existente nela.

Se a sua primeira preocupação for, por exemplo, com uma viagem de avião e você tem muito medo desse tipo de transporte, imagine-se arrumando as suas malas, indo para o aeroporto, esperando o avião no saguão, entrando e indo para o seu lugar. Imagine o avião decolando e depois você tranqüilo, são e salvo no seu destino.

Terminando a harmonização da primeira preocupação, deixe que venha à sua mente a segunda, a terceira e assim por diante, até achar que já trabalhou preocupações suficientes. Em seguida, imagine-se em harmonia com a sua família, com todos os seus conhecidos, com os seus vizinhos, com a rua toda, com o seu bairro, a sua cidade, o seu país, com o planeta e com o Universo. Agora, respire profundamente, mexa as mãos, os pés, espreguice e abra calmamente os olhos. Do começo ao fim, o exercício deve durar de 5 a 10 minutos, não mais do que isso. Cada preocupação deve ser trabalhada, em média, de 30 segundos a 2 minutos.

Exercício de harmonização

É mais importante cultivar internamente um sentimento de harmonia do que efetuar tentativas artificiais, exteriores, para melhorar relacionamentos ou situações, que, mesmo quando bem-intencionadas, inevitavelmente carregarão distorções.

O cultivo interior da harmonia libera o excesso de tensão em nosso chakra solar, o que faz com que a energia vital percorra o organismo mais livremente. Como o chakra solar contaminado pelo excesso de emoções inferiores acaba contaminando o chakra cardíaco, à medida que nos livramos das emoções inferiores o nosso chaka cardíaco também se torna mais limpo. Em geral, há uma sensação imediata de bem-estar, normalmente traduzida por uma respiração mais solta e profunda, uma sensação de leveza no corpo, especialmente na cabeça, e um aumento da visão periférica.

Quando o nosso chakra solar está muito carregado, a vida se torna tediosa, nada está bom e perdemos o prazer com as pequenas alegrias do dia-a-dia. A liberação da energia presa nos chakras solar e cardíaco traz freqüentemente um aumento da alegria de viver e de estar com as outras pessoas. Visualizando o outro em harmonia conosco, cortamos a polarização solar/solar (poder/poder) e passamos a cultivar a polarização cardíaco/cardíaco (amor/amor, ou luz/luz), estimulando no outro bons sentimentos por nós, o que pode produzir efeitos significativos, já numa primeira prática.

Ocorrem mudanças psicológicas em quem realiza a prática da harmonização. O cultivo diário dessa atitude fortalece-a interiormente cada vez mais, até o ponto em que o exercício não se faz mais necessário porque a atitude está internalizada e integrada de maneira estável à personalidade.

A prática da harmonização energética pode ter vários desdobramentos benéficos, favorecendo o aumento da consciência e da intuição, ou mesmo nos levando a desenvolver a clarividência, caso assim desejemos porque, enquanto praticamos a harmonização, favorecemos também o aumento da percepção. Uma das possibilidades que o exercício de harmonização energética oferece é acessarmos conteúdos presentes em nosso inconsciente e no inconsciente de outras pessoas. É um instrumento de crescimento pessoal, desde que não tentemos manipular os outros a partir das informações obtidas dessa forma, mesmo que seja com a intenção de ajudar.

Um dia veio ao meu consultório um empresário que aguardava ansiosamente o resultado de uma concorrência da qual estava participando, para venda de um equipamento industrial. Ele sabia que tinha tudo a seu favor para sair vitorioso, mas, de modo inexplicável, a empresa compradora adiava seguidamente uma decisão. Havia cinco diretores na empresa compradora. Utilizando técnicas de sugestão mental, coloquei-o em alfa, depois pedi que visualizasse a si mesmo e aos diretores em reunião, e então que perguntasse a cada um se eles o aprovavam como fornecedor. Apenas um hesitava em aprová-lo.

Sugeri a seguir que perguntasse a esse diretor o motivo do adiamento sistemático da decisão de compra. A imagem respondeu que tinha dúvidas quanto à assistência técnica a ser oferecida. No dia seguinte, logo cedo, o meu cliente telefonou para aquele diretor indo direto ao ponto e dizendo tudo que pudesse acalmá-lo com respeito à assistência técnica. Na mesma semana o contrato entre as duas empresas foi assinado.

Para nos harmonizar com as outras pessoas, ou nos harmonizar interiormente, há infinitas variações de visualizações que podem ser utilizadas. Respeitando os conceitos básicos, podemos criar mentalizações que combinem com a nossa maneira de ser. A "Sala da Harmonia", proposta por Gerald Loe,[13] pode servir como modelo em muitos casos. Diz ele: "Crie mentalmente um compartimento ou sala (que você chamará de 'Sala da Harmonia'). [...] Estabeleça que qualquer pessoa que entrar nesta sala deverá se harmonizar com você. Se você é detalhista, pode decorá-la usando a sua idéia de como seria uma 'Sala da Harmonia'. Escolha os móveis, quadros, flores, música, cores, incenso etc. Cada detalhe acrescentado fortalecerá a energia criativa e, por extensão, a realidade deste seu conceito. Repito: não é necessário ter a habilidade de construir uma imagem propriamente dita; basta que você crie um conceito e acredite nele (conheço alguns cegos de nascença que usam a visualização com muita eficácia).

Quando o compartimento estiver construído em sua mente, encha-o de energia curativa para trazer harmonia. Puxe a energia e veja-a preenchendo a sala toda até fazê-la transbordar. Ao sentir que está tudo pronto, coloque a pessoa com quem tem tido dificuldades de relacionamento ali dentro e imagine-a recebendo uma enorme quantidade de vibrações harmoniosas do ambiente. Veja-a tomando consciência da harmonia, sorrindo, gostando de estar ali, querendo mais. Ouça-a dizer que está pronta para recuperar a relação, ao se aproximar de você com os braços abertos ou a mão estendida (o que for mais apropriado). Capte bem as sensações agradáveis e guarde-as em sua mente com todo o cuidado. Corte o processo nesse ponto. Esqueça totalmente o que imaginou. Use esta técnica duas ou três vezes por dia até que os resultados comecem a aparecer".

Cura à Distância

Depoimento – Numa quinta-feira, faz alguns meses, eu tinha horário marcado com o Sílvio para uma sessão de energização. Acontece que na manhã daquele mesmo dia desloquei a coluna na altura dos quadris e mal conseguia me mexer. Da cama, liguei para desmarcar o nosso horário. O que aconteceu foi fantástico! Fui tratada à distância, por telefone. A dor foi cedendo, fui me sentindo mais e mais relaxada e, ao fim de uns quinze ou vinte minutos, pude levantar-me e tocar os meus afazeres do dia como se nada tivesse acontecido.

Gina Pasetto, 49 anos, esteticista facial

É possível curar uma pessoa tanto com ela diante de nós como a milhares de quilômetros de distância. Através do pensamento podemos reorganizar a energia de uma outra pessoa onde quer que ela esteja, bastando simplesmente nos concentrar nela e depois trabalhá-la. Energeticamente não há nenhuma diferença entre curar alguém à distância ou que esteja em nossa presença. O que muda é o processo de interação, que é muito mais completo quando estamos em contato pessoal.

Curar à distância usando o telefone é bom, porque podemos ter um retorno imediato a respeito das condições do paciente ao longo do tratamento e, dessa forma, interagir, pelo menos parcialmente. Ao curar alguém à distância, devemos imaginá-lo bem próximo e na nossa frente. Se o imaginarmos longe, poderemos energizar em demasia, o que pode ser prejudicial.

Para termos um resultado positivo, não é necessário imaginar o paciente nitidamente. Há pessoas que têm uma capacidade de visualização pequena. Não tem importância; o mais importante é sintonizar com quem desejamos curar. Repetir mentalmente o seu nome enquanto curamos ajuda a tornar a cura mais eficiente.

O processo é exatamente o mesmo que seguimos quando estamos com o paciente à nossa frente, caso estejamos fazendo Cura por Imagens, Cura Prânica ou qualquer outro tipo de cura.

Feche então os olhos e sintonize-se com a pessoa que deseja curar. A maioria das pessoas consegue curar melhor à distância com os olhos fechados, porque assim não se distraem com os objetos do ambiente em que estão. Caso você vá fazer Cura Prânica, jogue a matéria contaminada retirada do paciente em uma pequena bacia com água e sal reais. Proceda como faria com o paciente em pessoa à sua frente.

Para começar a curar à distância, experimente tratar de pessoas conhecidas e com as quais possa conferir por telefone o seu estado à medida que trabalha.

Para a cura funcionar, não é necessário o paciente saber que está sendo trabalhado porque o nosso inconsciente sempre está pronto para receber energias de cura e harmonia. Porém, se o paciente souber e adotar uma atitude receptiva, a cura será otimizada. Muitas vezes, os curadores combinam previamente um horário com o seu paciente para a cura à distância.

Para facilitar o trabalho de cura, pode ser utilizada uma fotografia do paciente. Isso traz a vantagem de tornar desnecessária a mentalização, mas não é fundamental, porque mesmo pessoas desconhecidas podem ser curadas à distância. É interessante o fato de a fotografia refletir energeticamente o estado de saúde em que a pessoa fotografada se encontra hoje, seja qual tenha sido a época em que foi tirada.

Podemos também sintonizar com um paciente, sentir a sua energia e curá-lo fazendo contato por meio de um objeto qualquer que lhe pertença. Há curadores hábeis em trabalhar dessa forma.

Tratamentos

Cura

Há milhares de enfermidades e distúrbios catalogados pela medicina. Abordaremos alguns problemas para servir como referência ao estudioso, na sua prática da Cura Energética.

Muitos fatores podem interferir, contribuindo ou não para o sucesso de um tratamento energético. A interação ou empatia estabelecida entre paciente e terapeuta é um fator importante. O conjunto de aspectos que compõem a vida do paciente, tais como o seu relacionamento com a família e no trabalho, além de suas condições financeiras e sociais, pode interferir na cura e deve ser levado em consideração.

Verificar a energia do lugar onde o paciente mora e dorme, ou trabalha, às vezes é central para que um tratamento tenha sucesso. Há lugares que são muito negativos e favorecem desequilíbrios físicos e emocionais.

A manipulação da energia vital sem toque físico é uma ferramenta notável que, somada ao arsenal de recursos de um terapeuta, pode produzir logo de início curas notáveis.

Autocura

A autocura acontece, em princípio, da mesma forma que a cura do outro. Há, basicamente, três formas de se fazer uma autocura:

a) Agindo diretamente sobre a região problemática, quando esta pode ser alcançada facilmente;
b) Curando, com a realização real de todos os gestos, a própria pessoa imaginando-se à sua frente. A cura pode ser feita também usando uma foto, ou a própria sombra. Na verdade, o que vale é a expressão da intenção;
c) Recebendo a cura de um curador imaginário.

Dores de cabeça

> *Depoimento* – Não existia nada que fizesse as minhas dores de cabeça diminuírem. Vinha com esse problema desde a minha infância. Os exames não mostravam nada e os médicos não tinham uma explicação. Com apenas uma sessão de cura, há três anos, me livrei completamente desse problema.
>
> *Hernane Andrade, 40 anos, mecânico de automóveis*

Dores de cabeça podem ter várias causas, simples ou sérias. A maioria dos casos guarda um componente de natureza emocional, ou tensão nervosa. O chakra solar está envolvido não só em casos de dor de cabeça, mas na maioria dos distúrbios orgânicos, pois quase todas as disfunções e doenças apresentam um forte componente emocional.

Como um procedimento padrão, comece limpando o chakra solar. Pergunte ao paciente, depois de alguns minutos de trabalho, se ele sente alguma diferença no seu estado. Pergunte quanto por cento melhorou. Em geral já no início acontece uma melhora que vai de 20 a 70%. É uma forma subjetiva de avaliação, mas útil na prática.

Em seguida limpe a região da nuca e ombros. Quando o chakra solar se congestiona, há uma interrupção no fluxo de energia vital dele para cima, o que muitas vezes causa dores nos ombros, nuca e cabeça. Freqüentemente a tensão nervosa causa compressão ou deslocamento das vértebras cervicais, por isso essa região deve ser trabalhada. Trabalhe-a e pergunte novamente ao seu paciente como ele está se sentindo.

Agora passe a tratar diretamente a cabeça, limpando por inteiro a aura em volta do crânio, mas mentalize que a limpa também por dentro, especialmente no alto do nariz, entre os olhos, como se de sua mão saísse um prolongamento imaginário capaz de entrar no paciente, limpando-o por dentro, porque pode haver processos inflamatórios internos.

Limpamos a cabeça por último, porque se a dor for conseqüência de uma congestão no plexo solar, por exemplo, haverá um alívio inicial, mas depois de algum tempo a dor voltará.

Via de regra devemos fazer a limpeza de dentro para fora, do centro para os lados e de cima para baixo, evitando contaminar regiões nobres com sujeira de outros lugares. Os órgãos com os quais devemos tomar mais cuidado para não contaminar com substância de outros pontos do corpo são os olhos, o coração e o baço.

Por exemplo, quando limpamos a cabeça, devemos fazê-lo do alto para baixo e do centro para as regiões laterais, evitando passar com as mãos sobre os olhos, porque podemos eventualmente contaminá-los com a substância bioplasmática suja que estamos retirando.

É fundamental ter sempre em mente a intenção clara de limpar, pois caso contrário pode acontecer de apenas transferirmos substância bioplasmática de um lugar para outro.

Se o paciente apresentou uma melhora notável, é hora de energizar. Energize suavemente começando pelo plexo solar, depois indo para os ombros e nuca e por último a cabeça. Não esqueça de somar à energização o desejo de que o paciente fique muito bem.

Quando dores de cabeça são devidas a uma queda na pressão arterial, há um quadro de exaustão energética. Nesse caso, comece limpando um pouco e depois energizando o chakra meng-mein. Esse chakra é muito sensível, e em poucos segundos a sua energização pode fazer a pressão se normalizar. Assim sendo, devemos sempre trabalhá-lo com cuidado, energizando suavemente.

Energizar "suavemente" ou "vigorosamente" é relativo. É uma questão de desejo e de verificar as reações do paciente. Quando energizamos o meng-mein, se o paciente referir palpitação no peito, é porque recebeu energia em excesso. Nesse caso, será suficiente limpar os chakras solar e cardíaco para o mal-estar desaparecer. Além do meng-mein, às vezes é necessário energizar também os chakras da base, o solar e o do umbigo para que a pressão se normalize.

Quando as dores de cabeça são devidas a disfunções hormonais nas mulheres, ou a problemas gastrintestinais, devemos limpar bem e depois energizar os chakras sexual, o do umbigo e o solar (este por causa do componente emocional) e a região da cabeça.

Há dores de cabeça que "apertam" a cabeça do paciente como se ele tivesse um aro de ferro em torno do crânio. Em outras pessoas, parece que um prego está atravessando os olhos, e assim por diante. Em casos assim, a utilização de imagens pode ser decisiva na cura.

> *Depoimento* – Sofria com dores de cabeça terríveis devidas a uma nevralgia do trigêmeo que adquiri há vários anos. Tentei vários tratamentos, eu ia atrás de tudo o que aparecia. Tratei-me com o Sílvio durante cerca de seis meses para obter a cura definitiva, mas já na primeira sessão comecei a me sentir melhor.
>
> *Lenita Duarte Pereira, 53 anos, decoradora*

Olhos

As doenças que os atingem são as mais variadas. Energeticamente são sempre devidas, no fundo, a congestão ou exaustão. No caso dos olhos, na maioria das vezes temos um quadro de exaustão energética. O componente emocional quase sempre está presente, devendo então ser trabalhado o chakra solar.

Basicamente devemos trabalhar limpando bastante os pequenos e delicados meridianos de energia dos olhos, o ajna, o chakra dorsal da cabeça e os chakras secundários das têmporas. Depois disso devemos energizar os olhos através dos chakras das têmporas, do ajna e do dorsal da cabeça. Não há contra-indicação para limpeza de órgãos delicados, apenas para a energização direta.

Miopia, astigmatismo, glaucoma, hipermetropia, catarata, por exemplo, em geral demandam vários meses de tratamento energético, porém quase sempre o paciente se beneficia com um bem-estar generalizado que contribui para a cura ou pelo menos alívio dos sintomas. No glaucoma, na maioria dos casos há um alívio rápido da pressão intraocular.

A Cura por Imagens também pode ajudar em doenças dos olhos. Em infecções, conjuntivites, catarata e outras, podemos mentalizar que retiramos os olhos do paciente da cavidade ocular e os lavamos em uma cachoeira de águas cristalinas e cheias de energia curativa. Depois os enxugamos cuidadosamente com toalhas imaginárias e os recolocamos no seu lugar.

Em casos de miopia, hipermetropia e astigmatismo, basicamente o paciente não enxerga direito. Podemos, por exemplo, levar o paciente míope a imaginar que está vendo detalhes em cenas distantes e, nos casos de hipermetropia, vendo detalhes em cenas bem próximas.

Respiração

Os chakras que influenciam a respiração são, de cima para baixo: o ajna, que controla as vias aéreas superiores; os chakras da garganta e o cardíaco, que controlam os brônquios e os pulmões, e o solar, que controla o diafragma e é o centro das emoções inferiores.

Assim sendo, como um procedimento básico, em problemas respiratórios devemos limpar e energizar todos esses chakras. No caso de um resfriado ou gripe, além desses chakras devemos limpar bem o dorsal cardíaco e os pulmões, estes diretamente pelas costas. Uma limpeza geral também pode ajudar bastante.

Na asma, além do procedimento básico indicado nos casos de resfriado ou gripe, é especialmente importante a limpeza geral, porque o corpo etérico encontra-se sempre bem congestionado. Também é importante a limpeza e energização do chakra da base, por controlar as supra-renais, importantes nessa doença. Podemos associar a Cura por Imagens à Cura Prânica, visualizando o paciente andando por uma floresta de eucaliptos, em uma montanha, respirando ar puro, e pedir-lhe que também imagine essas cenas.

Traumatismos

> *Depoimento* – Durante um treino me choquei com uma companheira ao subir na rede. Caí e subluxei o tornozelo direito, que ficou uma bola. Conclusão: eu ficaria sem jogar no dia seguinte, sábado, e na segunda-feira, os dois últimos jogos do campeonato brasileiro de vôlei. A recuperação iria demorar de dez a quinze dias, o que significava que eu ficaria fora também do campeonato sul-americano. Fui até o Sílvio por insistência da minha mãe, que conhecia o seu trabalho. Ele começou a me atender às cinco e meia da tarde, me tratando até as dez horas da noite. Entrei pulando num pé só, com o tornozelo machucado envolvido em bandagens, e saí andando normalmente, mas descalça do pé direito, porque como não imaginava que uma coisa dessas era possível, não tinha levado o pé direito do tênis. Joguei normalmente os dois últimos jogos do campeonato brasileiro e em seguida participei do campeonato sul-americano no Chile. Sou muito grata ao Sílvio pelo trabalho que ele realizou.
>
> *Janaína A. de Miranda, 20 anos, jogadora de vôlei do Leite Moça e da Seleção Brasileira*

Depoimento – Sofri durante quatro meses seguidos com muitas dores provocadas por cãibras na musculatura do estômago, nos retos abdominais, por excesso de treinamento, que não cediam de jeito nenhum. Só conseguia treinar e jogar tendo tomado analgésicos. As coisas estavam ficando cada vez mais difíceis; por causa do esforço de compensação, a dor estava se espalhando também para a musculatura das coxas. Sílvio me tratou numa única sessão de uma hora e até hoje não tive mais problemas com os músculos do meu abdômen.

Vinícius Cavani, 20 anos, goleiro do São Caetano E.C.

Fraturas, batidas, contusões, queimaduras, cortes, distensões, torcicolos e estiramentos musculares, cãibras, entorses, luxações são traumatismos. Também as intervenções cirúrgicas traumatizam o organismo e, na Cura Energética, devem ser tratadas como tal. Todo processo traumático gera um edema localizado, um inchaço, como reação de defesa do organismo. O líquido formador do edema contém células de defesa que protegem o corpo. Porém, enquanto protege, o edema dificulta o livre fluxo circulatório e energético no local traumatizado.

A limpeza localizada diminui a congestão energética, favorecendo um melhor trânsito da energia vital. Quando limpamos uma região traumatizada, normalmente acontece uma melhora imediata. Às vezes, apenas a limpeza, principalmente em pessoas jovens, basta para restaurar o equilíbrio e a saúde, pois a energia vital desses organismos é suficiente para desencadear o processo de cura.

Quando somente a limpeza não é suficiente, porque os tecidos do local lesado estão muito debilitados, devemos tratar energeticamente da seguinte maneira.

Procedimento padrão – Faça limpeza no local traumatizado e pergunte ao paciente, depois de alguns minutos, enquanto limpa, como está se sentindo. Normalmente há uma melhora inicial que depois estaciona. Após a melhora inicial por uma liberação da energia congestionada, logo o local precisa ser revitalizado e, como o corpo não consegue absorver a quantidade de energia suficiente para a cura apenas pelo metabolismo normal, só a limpeza não é suficiente.

É hora então de energizar. Energize e continue perguntando a cada pouco ao paciente como ele está se sentindo. Normalmente a melhora volta a acontecer e depois pára de novo. Isso acontece porque o edema, reação normal e fisiológica de defesa, está aumentando outra vez e gerando outra congestão. É hora então de fazer nova limpeza, depois outra energização e assim por diante.

Por sua grande ação sobre o retorno linfático, a Cura Prânica é excepcional na recuperação de traumatismos. Várias limpezas alternadas com várias energizações freqüentemente são capazes de recuperar totalmente o corpo de uma lesão, ou cirurgia, em apenas uma sessão prolongada.

No caso de um queimado, por exemplo, pode ser necessária uma sessão longa, de várias horas, mas o resultado pode ser bastante gratificante. Em casos de traumatismos graves, dois ou mais curadores podem se revezar no tratamento.

Use também imagens quando tratar articulações endurecidas. Por exemplo, se for curar uma mão lesionada, mentalize uma movimentação passiva de toda a mão, punho e dedos, e depois peça ao paciente para movimentá-la. Às vezes a melhora é surpreendente. Mentalize compressas, hidromassagens e o que a sua imaginação e intuição trouxerem à mente.

Em traumatismos, se houver uma baixa recuperação com um trabalho de Cura Energética, em geral, podem estar atuando dois fatores. Um deles é a ocorrência de um processo de fadiga muito intensa nos tecidos, freqüente em atletas por excesso de solicitação física. O outro é o paciente não ter interesse real em se curar, devido a algum bloqueio psicológico.

Disfunções gastrintestinais

São a má digestão, a má assimilação de nutrientes pelo organismo, as fermentações alcoólicas, intestinos presos ou soltos demais, dores de estômago, úlceras, gastrites, enterocolites etc. Os problemas do fígado e pâncreas também podem ser tratados energeticamente nesse grupo.

O tratamento básico nesses casos é uma boa limpeza seguida de energização do chakra solar, o centro das emoções inferiores e que controla os órgãos da digestão. Depois passamos para os chakras do umbigo, sexual e da base, fazendo uma limpeza seguida de energização. A maioria dos casos podem ser resolvidos dessa forma.

As imagens também podem ser usadas em problemas gastrintestinais. Para casos de úlceras você pode mentalizar o paciente se alimentando e digerindo perfeitamente bem os alimentos, e também lhe pedir, por exemplo, que imagine isso acontecendo.

Disfunções femininas

Neste grupo podem ser colocadas as disfunções menstruais tais como irregularidade do ciclo, excesso ou falta de menstruação, cólicas, infertilidade, tensão pré-menstrual e as disfunções relativas à menopausa, como nervosismo, aumento de peso e calor. Nestes casos, o tratamento básico deverá ser limpeza e energização do chakra solar, em virtude do aspecto emocional envolvido, e limpeza e energização dos chakras do umbigo, sexual e da base.

O trabalho feito durante algumas semanas costuma ajudar na maioria dos casos, contribuindo para a regularização do ciclo hormonal e uma melhora no equilíbrio emocional.

Limpando o sangue

O sangue do corpo inteiro circula pelos pulmões em poucos minutos. Em menos de um minuto nas crianças, e em 3 ou 4 minutos nos adultos. Assim sendo, com uma boa limpeza e energização direta nos pulmões, é possível melhorar a qualidade do sangue de uma pessoa. Esse procedimento pode ser usado sempre que houver presença de corpos estranhos no sangue e quando houver febre. Crianças reagem bastante bem a esse tratamento, e às vezes acontece de uma febre ceder em poucos minutos.

Nos casos em que é necessária uma limpeza geral no sangue, comece com uma limpeza seguida de energização do chakra solar, devido aos inevitáveis aspectos emocionais envolvidos. Então, durante 3 a 6 minutos, limpe seguidamente o paciente pelas costas, diretamente sobre os pulmões e no chakra cardíaco dorsal. Depois, faça uma limpeza e energização geral.

Debilidade geral

Qualquer que seja o motivo para uma pessoa se sentir debilitada, sempre há perda de energia. Também pode haver hipotensão.

Nesses casos, faça uma limpeza geral para que a aura fique limpa e fortalecida e, dessa forma, perca menos energia. Depois, energize os centros secundários da palma das mãos e da sola dos pés. À medida que trabalha, pergunte ao paciente como ele está se sentindo.

Limpe e energize o chakra solar, desejando que essa energia se distribua por todo o corpo. Depois limpe e energize o chakra da base, fazendo o mesmo com o do umbigo e o meng-mein. Use imagens, visualizando o paciente forte e saudável.

Enquanto trabalha cada centro, vá perguntando ao paciente como está se sentindo, porque dessa forma você pode localizar com maior rapidez os pontos que proporcionam uma melhor reação do organismo, quando trabalhados. Sempre trabalhe suavemente, em especial nas duas ou três primeiras sessões, porque pacientes debilitados poderão se sentir enjoados ou tontos com uma renovação muito rápida da energia vital do seu organismo.

Câncer

Má alimentação, fatores hereditários, desgaste físico e emocional são as principais causas de câncer. Energeticamente, o câncer deriva de uma hiperativação essencial dos chakras solar e da base. O chakra solar é onde ficam guardadas as nossas frustrações, raivas e ressentimentos. O chakra da base estimula a reprodução celular; é o centro que rege o corpo físico.

Devemos limpar bem a aura de uma pessoa com câncer e aplicar bastante violeta, no corpo inteiro, especialmente nos chakras da base e solar. O "estar pronto", que é a predisposição do paciente para mudar seus valores e crenças, e colocar a vida em primeiro lugar, costuma ser um fator decisivo para que a cura aconteça, na maioria das vezes.

O caso de Dona Meire

Dona Meire tinha um tumor de mama que vinha avançando rápido e ameaçava gerar metástases. Foi iniciado um trabalho energético diário, com limpeza e energização com violeta. Sua aura mostrava formas de pensamento carregadas de raiva e ressentimento, mas também imagens dela mesma em uma casa de praia agradável, envolta em um clima de paz.

Expliquei a ela de que maneira os pensamentos negativos alimentam um tumor e como os positivos podem contribuir para neutralizá-lo. As imagens percebidas mais claramente no seu inconsciente eram a casa da praia (a saúde), mas também um rio turvo, de águas profundas e correnteza forte, guardado por uma espécie de monstro (a doença). A sua melhora começou a acontecer quando, colocada em estado de relaxamento, conseguiu imaginariamente fazer a travessia desse rio e caminhar para a saúde.

Com o tratamento energético, em quinze dias houve uma redução de cerca de 50% no tamanho do tumor. Foi feita a cirurgia, mas com muito menos risco e sofrimento. Até hoje, três anos depois, ela está bem de saúde e feliz, morando de fato na sua casa de praia.

Contra-indicações da Cura Energética

Mulheres grávidas não devem ser trabalhadas com Cura Prânica do chakra solar para baixo, porque as mesmas alterações de energia que a mãe sentir o feto sentirá também, o que poderá ser muito forte para ele. Do chakra cardíaco para cima podemos energizar suavemente e por pouco tempo. A limpeza geral ou local pode ser feita, porém também suavemente.

Pessoas idosas e crianças também devem ser trabalhadas com delicadeza. Olhos, coração e baço podem ser limpos, mas nunca energizados.

A Cura por Imagens pode ser usada em grávidas, pessoas fragilizadas, regiões ou órgãos delicados. Apenas devemos lembrar de agir sempre suavemente.

4ª PARTE

"Por anos e anos, a monja Chyono estudou
sem conseguir chegar à iluminação.
Uma noite, estava ela a carregar
um velho pote cheio de água.
Enquanto caminhava,
ia observando a lua cheia
refletida na água do pote.
De repente, as tiras de bambu
que seguravam o pote inteiro
partiram-se e o pote despedaçou-se.
A água escorreu,
o reflexo da lua desapareceu
e Chyono iluminou-se.

Ela escreveu estes versos:

'De um modo ou de outro
tentei segurar o pote inteiro
esperando que o frágil bambu
nunca se partisse.
De repente, o fundo caiu.
Não havia mais água;
Nem mais lua na água —
O vazio em minhas mãos'."

(*Nem água, nem lua;* Osho – *Dez discursos sobre histórias zen*)[14]

Meditação e Cura

"Om *é o arco; a alma é a seta;*
Brahman *é o alvo da seta;*
Cumpre feri-lo constantemente."

(Versos de um Upanishad)

Na sua essência, meditação é um ato de pacificação interior. Existem várias maneiras de meditar. No zazen (*za*, em japonês, significa sentar, e *zen*, fundir-se com o cosmos), meditar é simplesmente deixar-se ficar olhando uma parede, a chama de uma vela, ouvindo o som das águas de um rio, observando o movimento da própria respiração etc., sem perseguir objetivos nem alimentar expectativas de qualquer natureza. É, na verdade, mais um estado de ser, uma atitude interior, e não propriamente uma ação.

Pessoas de qualquer idade e modo de vida podem meditar. Quanto mais agitada e tensa é uma pessoa, maior é a importância da meditação. A sua prática regular melhora a concentração e clareia o raciocínio; aumenta o autocontrole e o equilíbrio emocional. Fortalece particularmente o sistema imunológico, contribuindo para uma melhor saúde física e ajudando na cura de doenças.

Para a grande maioria das pessoas, é difícil pacificar a mente ao iniciar a prática da meditação. No entanto, essa pacificação pode ser facilmente conseguida pela prática da *meditação conduzida*, feita com a ajuda de um "instrutor" que pode levar o praticante a entrar em *alfa* ou outros estados mentais propícios à meditação, aplicando técnicas indutoras de relaxamento consciente sem devaneios, tornando assim possível a prática mesmo para principiantes ou pessoas agitadas.

Segundo os dicionários, meditar significa simplesmente pensar. Também é avaliar a si próprio, realizar uma auto-observação ou um auto-exame interior. Assim, meditação pode ser também acompanhar sem interferir no vai-e-vem das próprias emoções e pensamentos, sem fazer qualquer tipo de análise, avaliação ou interpretação.

Quando nos observamos imparcialmente, podemos perceber o arco de tensão dual existente em nós entre cada "sim" e cada "não", entre cada "devo" e "não devo", entre cada "posso" e "não posso", quando sentimentos contraditórios geradores de turbulências interiores e exteriores podem ser integrados. Podemos observar as origens dos nossos medos e desejos, e os verdadeiros motivos das ações, não só as nossas, mas dos outros também.

Esta auto-observação pode ser mais facilmente alcançada com a ajuda de um instrutor, que pode funcionar como um guia neutro criando condições para o praticante perceber por si próprio onde suas percepções são verdadeiras, falsas ou distorcidas, e harmonizar-se consigo e com o seu ambiente.

A meditação pode ser não só um grande instrumento para o autoconhecimento e a ampliação da consciência, mas também para a compreensão dos nossos relacionamentos, em tomadas de decisões e no desenvolvimento de carreiras profissionais. Pode ainda ser utilizada como valioso complemento em tratamentos médicos e psicoterapêuticos.

Hatha Yoga e Cura

Ha *significa sol;* tha *quer dizer lua.*
A palavra yoga *quer dizer união.*
Hatha Yoga *é um conjunto de práticas*
pelas quais se busca a união, ou integração,
dos princípios masculino e feminino,
de espírito e matéria, corpo e alma,
e assim por diante.

O yoga é um conjunto de práticas organizadas para promover o desenvolvimento da consciência. O Hatha Yoga é feito com permanências (ásanas) em posições que, ao serem gradualmente prolongadas, aumentam muito a força, a resistência e a elasticidade do corpo, melhorando a postura e a estabilidade articular. A permanência nas posições também irriga e oxigena os tecidos corporais e órgãos internos, melhorando a disposição, purificando e revitalizando o organismo como um todo.

O nosso corpo é uma biomáquina preparada para subir em árvores, pular, dar cambalhotas, pendurar-se, correr, esticar-se, fazer força. O equilíbrio emocional e a saúde guardam uma relação direta com a prática regular de exercícios, acompanhada de alimentação correta. Quando nossa vida é excessivamente sedentária e permanecemos fisicamente inativos, não só os nossos músculos e tendões se atrofiam, enquanto as articulações enfraquecem, mas também o metabolismo geral não funciona tão bem como deveria.

A prática das posições do yoga promove o fortalecimento muscular, ativa o metabolismo e favorece a queima de calorias. Age sobre as glândulas e o sistema nervoso. Também acalma a mente e ajuda a reduzir a ansiedade pelo controle da respiração, obtido com a prática dos ásanas e pranayama. Os relaxamentos e a meditação, feitos em conjunto, facilitam a quebra de padrões viciosos instalados.

Para aqueles com mais idade, quando dosada de acordo com a capacidade do organismo, a prática de Hatha Yoga rejuvenesce, revigora e traz grande bem-estar, surtindo efeitos especialmente benéficos na osteoporose e na artrose. As mulheres devem desde cedo prevenir a osteoporose com uma alimentação adequada e exercícios, que são importantes para garantir consistência óssea e formar uma reserva de cálcio que será usada na idade avançada. Os exercícios que exigem esforço muscular são os que mais contribuem para a fixação do cálcio nos ossos. Os cuidados devem ser maiores a partir dos 35 anos de idade, quando os ossos tendem naturalmente a perder massa.

Os alongamentos posteriores e o fortalecimento de coxas e abdômen, praticados no Hatha Yoga, são especialmente importantes para preservar a agilidade e o vigor do corpo. Os alongamentos neutralizam e revertem o encurtamento posterior causado pela tensão dos músculos da parte de trás do corpo e pela força da gravidade. O fortalecimento dos músculos de coxas e abdômen (que são músculos anteriores) alavanca e fixa os nossos movimentos.

Com uma orientação especializada, quem tem problemas articulares, posturais e de coluna não só pode como deve praticar yoga. Ginásticas contemporâneas, como RPG e Pilates, apóiam-se nos mesmos princípios do yoga, com alongamentos e tonificação de cadeias musculares.

O nosso corpo é o instrumento fundamental que temos para enfrentar a vida. Quando não está no seu melhor estado de funcionamento, o nosso relacionamento com o mundo fica em algum grau comprometido.

Pranayama e Cura

A primeira inspiração marca a nossa chegada na Terra;
A última expiração, a saída.

Prana significa energia; *ayama*, contenção. Os pranayama, ou respirações prânicas, são técnicas respiratórias ancestrais desenvolvidas pelos hindus praticantes de yoga, que visam uma melhor captação da energia vital presente no ar. Com isso é possível revigorar o corpo. Na prática da cura, essas técnicas podem ser especialmente úteis quando estamos cansados e precisamos melhorar o nosso padrão energético, ou quando estamos trabalhando em um caso difícil que exige muito de nós. Há vários livros que ensinam o domínio da respiração.

As práticas descritas a seguir são apenas algumas dentre as muitas seqüências respiratórias do yoga. Embora apresentadas de maneira simplificada para que o iniciante possa realizá-las com facilidade, mesmo assim produzem efeitos bastante benéficos.

Pranayama com retenção de um tempo

Sente-se confortavelmente em um cadeira ou no chão.
Feche os olhos e respire calmamente.
Inspire lentamente.
Quando os pulmões estiverem cheios, mas não demasiadamente, retenha o ar contando UM.
Expire lentamente.
Quando os pulmões estiverem vazios, retenha o ar novamente contando UM.
Prossiga quantas vezes quiser.
Abra os olhos lentamente.

Pranayama com retenção de três tempos

Experimente fazer a seguinte variação do exercício anterior:

Inspire, contando no seu próprio ritmo até SEIS.
Retenha o ar com os pulmões cheios por TRÊS tempos.
Expire contando no seu próprio ritmo até SEIS.
Retenha a respiração com os pulmões vazios por TRÊS tempos.

Para que um pranayama surta efeito, as retenções e o ritmo são os dois pontos principais que devem ser obedecidos. As retenções aumentam a capacidade de purificação e revigoramento do organismo que essas respirações promovem. O ritmo é importante para criar um estado mental receptivo e harmonioso.

Respiração purificadora (Pratiloma pranayama)

Esta respiração é muito utilizada para complementar outros exercícios respiratórios. É feita uma vez só, a fim de purificar e ventilar os pulmões. Também serve para alongar a respiração combatendo a apnéia; oxigena e revigora o organismo, trazendo disposição e bem-estar.

Inspire profundamente, procurando encher os pulmões completamente;
Quando sentir os pulmões cheios, *retenha* o ar por alguns segundos;
Com força, sem inchar as bochechas, *assopre* uma vela imaginária, colocada a uns dois metros de distância, tentando apagá-la, até sentir os pulmões quase completamente vazios.
Para ajudar a expiração, contraia o abdômen enquanto assopra;
Quando tiver assoprado até quase o seu limite máximo, *pare* por alguns instantes, sem inspirar, mantendo o abdômen contraído;
Assopre agora algumas vezes, para expulsar o ar residual;
Relaxe o abdômen e, em seguida, inspire e expire normalmente.

Respiração revitalizadora (Rajas pranayama)

Esta prática revigora e tonifica o sistema nervoso, diminuindo a tensão enquanto proporciona alongamento imediato da respiração.

Em pé, *inspire* profundamente e *retenha* o ar;
Estenda os braços horizontalmente à frente do corpo;
Contraia gradualmente os braços, fechando os punhos o mais forte que puder;
Com os punhos fechados e os músculos totalmente contraídos, faça movimentos rápidos, mas não bruscos, *para trazer as mãos de encontro aos ombros*, de três a cinco vezes;
Expire fortemente pela boca, enquanto relaxa os braços descendo-os ao longo do corpo;
Para terminar, faça a respiração purificadora uma vez.

Respiração com narinas fechadas alternadamente (Nadi shodana pranayama)

Embora difícil de explicar, esta respiração é agradável e fácil de fazer. É comumente utilizada como preparação para outros pranayama. Faça-a de preferência na posição sentada. É uma prática calmante que alonga a respiração e traz bem-estar.

Para fechar as narinas, você pode usar tanto a mão direita como a esquerda. O uso da mão direita, mostrado a seguir, acontece apenas para facilitar a explicação. Durante o exercício, faça as inspirações e expirações no seu ritmo normal. Faça quantas vezes quiser.

Inspire completamente e retenha o ar com os pulmões cheios, por alguns segundos;
Com o polegar da mão direita, conforme mostra o desenho (Fig. a), *feche a narina direita* (Fig. b);
Expire e depois *inspire* pela narina *esquerda*;
Com o anular, *feche a narina esquerda*, liberando a direita (Fig. c);
Expire e depois *inspire* pela narina *direita*;
Com o polegar, *feche* a narina *direita*, liberando em seguida a narina *esquerda* (Fig. b);
Expire novamente pela narina *esquerda*, e assim por diante.

Fig. a

Fig. b

Fig. c

Nutrição e Cura

"Seja o alimento teu medicamento
e o medicamento teu alimento."
(Hipócrates)

Orientações para uma alimentação correta são absolutamente prioritárias, devendo preceder e fazer parte de todo e qualquer tratamento, seja ele homeopático, alopático, psicoterapêutico, espiritual, energético ou outro. Saber alimentar-se tem importância fundamental na conquista e manutenção da boa forma física, saúde e qualidade de vida. Quando o corpo não precisa lutar o tempo todo contra toxinas produzidas a partir de hábitos alimentares errados, nem com disfunções e doenças assim geradas, ou a falta de energia física e mental, há uma constante sensação de saúde, bem-estar e paz interior que torna as pessoas mais felizes, produtivas e bem-dispostas, e que favorece o equilíbrio emocional e o desenvolvimento da espiritualidade.

Muito tem sido falado sobre o valor dos alimentos e os seus efeitos no organismo, mas bem pouco tem sido dito sobre o processo alimentar em si. Ao nos alimentarmos desde cedo de maneira errada instala-se o vício alimentar, o nosso instinto torna-se gradualmente mais e mais confuso, até chegarmos ao ponto em que não percebemos mais com clareza o que nos faz bem e o que nos faz mal.

Ao longo da história da civilização, com o desenvolvimento da tecnologia de alimentos cada vez mais vêm sendo introduzidas mudanças e consumidos alimentos que, além de não totalmente compatíveis com o nosso organismo, são ingeridos de maneira desatenta e displicente, motivada pela satisfação do prazer oral.

Hoje, devido ao nosso estilo de vida, é praticamente impossível sobreviver abrindo mão da tecnologia de alimentos. No entanto, é necessário haver uma mudança radical no foco das indústrias de alimentos, com menos interesse nos lucros e mais preocupação com a saúde das pessoas.

Os alimentos são alterados na sua estrutura química original por processos simples, como o cozimento, a fritura e a liquidificação, e outros bastante sofisticados, utilizados nas indústrias. Também são adicionados produtos químicos com as mais diversas finalidades, muitas vezes sem um conhecimento claro dos seus efeitos no organismo. O uso de produtos químicos nos alimentos faz com que estes fiquem maiores e mais bonitos, mas, além do aumento da toxicidade, o seu poder nutritivo fica bastante diminuído.

A maioria das doenças atuais tem origem nutricional, manifestando-se na forma de alergias, intoxicações e moléstias crônicas e degenerativas. As alergias e intoxicações podem afetar o sistema nervoso e muscular, assim como diversos órgãos, causando os mais variados problemas, como dores de cabeça, rinites, reumatismo, distúrbios psíquicos variados, distúrbios respiratórios e nos olhos e, especialmente, doenças do aparelho digestivo. Bem mais do que a pessoa comum pode supor, as disfunções orgânicas são provocadas ou favorecidas pela má nutrição. Muitos quadros alérgicos manifestam-se imediatamente após a ingestão de um certo alimento, mas outros podem levar meses, ou mesmo anos, para se manifestar. É a chamada alergia oculta, em geral de difícil diagnóstico clínico ou laboratorial.

É louvável o avanço da medicina em muitos setores, especialmente nas intervenções cirúrgicas e nos tratamentos de urgência. Porém, no tratamento das moléstias crônicas e degenerativas, que são a grande maioria, de maneira geral, de Aristóteles para cá houve um retrocesso.

Também o transporte, armazenagem, exposição à luz do sol, ao calor ou frio excessivos, o tempo de estocagem, as embalagens, entre outros, são fatores que afetam os alimentos. Laranjas, por exemplo, mesmo sendo de origem orgânica e com aparência normal, devido a esses fatores, podem chegar a perder totalmente o seu teor de vitamina C, assim como as cenouras podem perder o seu beta-caroteno, e o gérmen de trigo pode perder a vitamina E.

Níveis elevados de colesterol ruim (LDL) são um problema típico do homem civilizado e urbano. Estudos mostram que esse problema se deve não só ao consumo de gorduras saturadas, mas representa na verdade um desequilíbrio generalizado do metabolismo.

O uso excessivo de produtos concentrados também prejudica a saúde. O sal e o açúcar são hoje considerados os dois grandes vilões da alimentação moderna, causando uma série de distúrbios no nosso organismo.

Em geral, as pessoas acham que o açúcar predispõe o organismo apenas ao diabete e à obesidade. No entanto, o consumo excessivo de açúcar nos predispõe também a alergias e crises nervosas. Na verdade, o consumo excessivo de qualquer carboidrato, inclusive vindo de produtos integrais (como cereais e leguminosas), favorece desequilíbrios no nosso organismo.

Pesquisadores afirmam que os grãos de leguminosas e cereais, especialmente o trigo em suas diversas formas, são os principais causadores de alergias por terem sido introduzidos muito recentemente na dieta humana e serem consumidos em excesso. O ser humano está no planeta há aproximadamente 2 milhões de anos e começou a consumir o trigo há cerca de 8.000 anos, o que é muito pouco, em termos evolutivos. O aparelho digestivo das aves está mais preparado para digerir grãos.

O sal também é considerado um alimento prejudicial para o corpo humano. O sal consumido não é totalmente eliminado pelos rins e o seu acúmulo no organismo eleva cronicamente a pressão arterial, predispondo a uma série de desequilíbrios e doenças. Uma evidência de que o sal se acumula no organismo e o sobrecarrega é o fato das nossas lágrimas serem salgadas, o que não acontece nas populações primitivas que não usam sal nos alimentos. Estudos indicam que o excesso de sal e de temperos (a não ser quando naturais e leves) pode ter uma relação também com agressividade excessiva, dores de cabeça e sintomas da TPM. Pode também causar falsa obesidade em algumas pessoas, com um aumento de peso que pode chegar a 5 quilos. Os índios brasileiros dizem que quem come sal vive pouco.

O leite de vaca (e seus derivados) é um grande causador de alergias, existindo hoje um consenso na medicina de que não é um alimento adequado ao consumo humano.

O ar é o nosso nutriente mais básico. O ar poluído que respiramos, especialmente nas grandes cidades, causa uma série de alergias e intoxicações, agudas ou crônicas, principalmente nos ambientes fechados, devido a elementos voláteis presentes nas tintas, vernizes, inseticidas, desinfetantes etc.

É comum os médicos não terem a atenção e o cuidado necessários para perceber sinais provenientes de alergias alimentares e intoxicações, partindo de maneira irrefletida para diagnósticos fáceis, seguidos de tratamentos pontuais e sintomáticos à base de medicamentos (alopáticos, homeopáticos, pela acupuntura, ervas ou outros), ou cirurgias, quando não dizem simplesmente que o problema é causado por tensão nervosa, ou então é idiopático (um jeito sofisticado de dizer "não sei"), psicossomático, genético ou hereditário, perpetuando e agravando o quadro clínico do doente.

Há uma grande discussão sobre qual seria a dieta ideal para o ser humano e inúmeras dietas têm sido propostas. Talvez a resposta para esta importante questão esteja no estudo da história da alimentação ao longo dos séculos e a sua relação com o aparecimento dos diversos tipos de doenças.

Estudos de povos primitivos indicam que, para ser saudável, a dieta deve ser variada. A rotatividade dos alimentos evita danos e preserva o vigor do organismo. Diversos estudos antropológicos de povos antigos e atuais em várias partes do mundo mostram que pessoas com pelo menos 50% da sua alimentação crua, composta por vegetais naturais e frescos, sem aditivos químicos, complementada com ovos, carne (especialmente peixe) e pequena quantidade de grãos, muitas vezes passam dos 100 anos de idade.

Como é quase impossível hoje nos alimentarmos totalmente com alimentos frescos, em especial nas grandes cidades, uma dieta com predominância de vegetais e suplementada é importante por sua ação antioxidante, e minimiza os efeitos dos agentes agressores.

Segundo os antropólogos, a humanidade estabilizou a sua presença na Terra e se desenvolveu a partir do domínio da arte de caçar animais para alimentar-se deles. Há uma correlação direta entre o aperfeiçoamento dos instrumentos de caça, o aumento da caixa craniana e um grande salto no desenvolvimento do sistema nervoso humano.

Sem dúvida, os fisiologistas estão certos ao dizer que a carne de animais como alimento é completa e por essa razão chegamos ao nosso atual estágio de desenvolvimento, e que o nosso aparelho digestivo está preparado para o regime alimentar onívoro (que inclui carnes na dieta), mas também com certeza não estarão errados os mestres espirituais quando dizem que devemos evitá-la como alimento.

A carne é rica em nutrientes e prática, até certo ponto. Porém, falando apenas do ponto de vista estritamente alimentar, não é de todo boa para o nosso organismo pelas toxinas que produz e por elevar a acidez do sangue (com a exceção de alguns animais marinhos), o que predispõe a moléstias degenerativas quando consumida regularmente em grandes quantidades.

Por sua vez, a alimentação vegetariana é muito mais livre de toxinas do que a alimentação onívora; no entanto, freqüentemente é pobre em alguns nutrientes bastante importantes para o organismo, principalmente proteínas, ferro, ômega 3 e vitamina B12.

Devido à sua individualidade fisiológica, há pessoas que se adaptam facilmente a uma dieta totalmente vegetariana, enquanto outras têm muita dificuldade. Para estas, uma opção interessante talvez possa ser a adoção de uma alimentação ovo-vegetariana, bem mais fácil de ser administrada do ponto de vista nutricional.

A boa saúde não é um fato aleatório e, provavelmente, não é completa para ninguém, mas observando, nos informando e experimentando, com paciência e perseverança, podemos nos aproximar dela. As conquistas tecnológicas atuais dão a todos a possibilidade de uma alimentação correta e saudável.

Quem realmente deseja uma saúde perfeita deve persegui-la com a mente aberta ao novo, mantendo clareza de objetivos e disposição incansável não só para renovar e reorganizar a sua vida nos aspectos exteriores e práticos, mas também na sua estrutura afetiva.

O nosso afeto se expressa em grande parte em torno da mesa e a nossa primeira mesa foi o cordão umbilical. Assim, mexer na alimentação significa, inevitavelmente, mexer nas profundezas do inconsciente e romper com hábitos arraigados.

Quando iniciamos uma correção alimentar, a primeira coisa que começa a acontecer é a purificação do organismo, a princípio esperada e desejada, mas, como nada é perfeito, essa purificação, condição básica para firmar os alicerces da saúde total, é acompanhada de imediata síndrome de abstinência que, por sua vez, nos conduz mais ainda a reminiscências e a núcleos afetivos mal resolvidos.

Ultrapassar a síndrome de abstinência é o primeiro e talvez o grande inimigo dos que desejam se alimentar de maneira completamente saudável. A favor de quem deseja a saúde plena, está a enorme facilidade que temos hoje para obter informações sobre qualquer assunto que nos interesse.

O nosso bem-estar físico e mental guarda uma relação direta com a maneira como nos alimentamos, o que mostra que, em grande parte, a responsabilidade por nossa saúde está em nossas próprias mãos. E isso é ótimo!

Referências Bibliográficas

1. Pessoa, Fernando. *Obra Poética*, Editora Nova Aguillar, Rio de Janeiro, 1976.
2. Talbot, Michael. *O Universo Holográfico*, Editora Best Seller, Rio de Janeiro,1991.
3. Muldoon, Sylvan J. e Carrington, Hereward. *A Projeção do Corpo Astral*, Editora Pensamento, São Paulo, 1976.
4. Sui, Choa Kok. *A Antiga Ciência e Arte da Cura Prânica*, Editora Ground, São Paulo, 1989.
5. Sui, Choa Kok, *Cura Prânica Avançada: Manual Prático de Cura Prânica com Cores*, Editora Ground, São Paulo, 1993.
6. Castañeda, Carlos. *A Arte do Sonhar*, Editora Record, Rio de Janeiro, 1993.
7. Markides, Kyriacos C. *O Mago de Strovolos*, Editora Pensamento, São Paulo, 1985.
8. Trevisan, Lauro. *O Poder Infinito da Sua Mente*, Editora da Mente, Rio Grande do Sul, 1980.
9. Feldenkrais, Moshe. *Consciência pelo Movimento*, Summus Editorial, São Paulo, 1976.

10. Chung, Tom. *Magia da Mente em Ação*, Double Tree Editora, São Paulo, 1991.

11. Epstein, Gerald. *Imagens que Curam*, Xenon Editora, Rio de Janeiro, 1989.

12. Brennan, Barbara Ann. *Mãos de Luz*, Editora Pensamento, São Paulo, 1987.

13. Loe, Gerald. *A Força Natural da Cura*, Novo Milênio Editora, 1992.

14. Osho. *Nem Água, Nem Lua*, Editora Cultrix, São Paulo, 1994.

15. Hesse, Hermann. *Sidarta*, Editora Civilização Brasileira, Rio de Janeiro, 1975.

16. Camargo, Sílvio. *Yoga Postural*, Editora Pensamento, São Paulo, 2008.

17. Ramacharaca, Yogue. *Ciência Hindu Yogue da Respiração*, Editora Pensamento, São Paulo, 1978.

18. Blay, Antonio. *Fundamento e Técnica do Hatha Yoga*, Edições Loyola, São Paulo, 1977.

19. Leite, Carlos Eduardo. *Nutrição e Doença*, Ibrasa, 1987.

20. Franco, Guilherme. *Tabela de Composição Química dos Alimentos*, Livraria Atheneu Editora, São Paulo, 1992.

Agradecimentos

Ao Ricardo Riedel, diretor-presidente da Editora Pensamento-Cultrix Ltda., e à sua assistente, Célia Regina Romero, pela oportunidade que me proporcionaram de reeditar este livro, e a toda a equipe, pelo tratamento sempre muito cordial, competente e profissional.

Ao Choa Kok Sui, cujo trabalho no campo da cura contribuiu para uma melhor formatação do meu próprio trabalho, e pelo apoio e demonstrações de apreço recebidos desde que nos conhecemos, em outubro de 1992, quando ele veio pela primeira vez ao Brasil ensinar a Cura Prânica, a meu convite.

À Gina Pasetto, Hernane Andrade, Lenita Duarte Pereira, Janaína A. de Miranda e Vinícius Cavani, que me prestigiaram com seus depoimentos.

Este livro é dedicado ao João Paulo.

SÍLVIO CAMARGO

Fisioterapeuta formado pela Universidade de São Paulo e instrutor de Hatha Yoga.

www.silviocamargo.nom.br
yogasilviocamargo@yahoo.com.br